U0154296

日本經濟概論

陳志坪／著

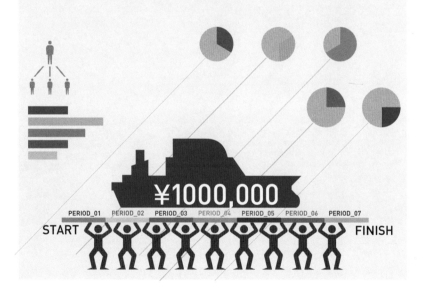

五南圖書出版公司 印行

PEFACE
推薦序

　　戰後日本的經濟，無論是在五零年代從廢墟中迅速復興，六零年代之後近三十年的高速成長，甚至是九零年代之後失落的十（二十）年，對外界而言，都是一種迷思（Myth）。

　　當日本經濟飛黃騰達直逼美國的高科技產業時，部分美國學界有一說詞，是以美日兩國人均的工程師與律師作比較。以人均工程人員而言，日本大約是美國的二十倍，而律師人數則只有美國的一半。所以八零年代美國的日本通都一再強調美國工程人員的短缺而使得其高科技領域受到日本的挑戰。然而自「平成不況」所延續而來的經濟停滯，又使部分美國的日本通改變說法：他們回過頭來批評日本金融法規與制度不夠健全，日本企業與銀行金融機構盤根錯節的產業組合，使得日本銀行與金融體系無法達成制約流通金融流通的功能，無法提升資本的邊際生產力而使日本經濟衰退。這種前後相互矛盾的解析，證明他們對日本經濟缺乏通盤的瞭解。不曉得美國本身次房貸擴張，金融危機之後，他們又要如何自圓其說？

　　一般唸總體經濟的學者，往往依美英出版的教科書，運用經濟理論，建立模型，使用高深的計量技術而做出結論或經濟預測。然而這些教科書大都以美國經濟社會制度為背景，鮮少做跨國比較。所以書中理論模型的假設與參數的選定，往往無

法考慮各國經濟社會文化的不同。其研究成果與實際經濟表現，偏差頗大。舉例而言，運用凱因斯的擴張政策，在政策上可以增加政府支出或減低稅收。兩者乘數效果不同，但達成擴大內需，刺激消費則有異曲同工之效。減低稅賦，在美國很可能有刺激消費的功效，但在日本恐怕不能畢竟全功，因為日本人即使拿到政府的退稅，絕大部分會放進儲蓄。這是美日兩種民族性的不同與儲蓄傾向差別，所以他們對這種暫時性所得（Transitory Income）處理方式不一樣所致。如果筆者觀察正確，可以說明要瞭解比較經濟，不能只唸總體經濟學，而必需對各國政治、社會文化多加瞭解，相互比較，並將其差異納入理論模型的建立與參數的選定，才能畢竟全功。

　　研究戰後東亞經濟的學者都注意到日本與四小龍在國際分工的角色。從日本經濟復興，產業不斷升級的六零年代，四小龍尤其台灣與南韓在赤松氏（Akamatsu）的雁行理論之下，緊追日本之後，從接收日本勞力密集的輕工業開始，你丟我撿，亦步亦趨，逐漸進入技術與腦力密集產業而成為新興工業國家。廣場協定之後，日本展開大量對外投資，小島（Kiyoshi Kojima）與小澤（Terutomo Ozawa）等學者又將雁行排列的理論，延伸到台灣與南韓的對外投資。無論雁行理論能否充分解釋日本台灣（與南韓）的工業發展與國際分工，在在說明台日兩國經濟的密切關係，而在全球化的趨勢之下，台日在全球價值鏈的角色，更為唇齒互動，相輔相成，競合俱在。所以增

加對日本經濟的瞭解，對一般唸經濟學的朋友而言，實有其必要。

　　陳志坪教授早年留學東瀛，獲有中央大學博士學位。返國任教之後，潛心研究日本經濟、文化、企業與台日經濟關係。在本書中對日本經濟各層次，深入淺出，微言大義，以最通俗的文字，對艱深的經濟理論，做很詳細的分析解讀。本書對瞭解日本經濟發展趨勢，做了一個扼要精闢的陳述，對想瞭解日本經濟的讀者，具展卷有益的功效。承志坪平兄不吝，以原稿分享與愚，並邀愚為序，甚感榮幸，拜讀之餘，獲益良多，因不揣潛越冒進，爰以數言為之序，以表摯意。

周鉅原 謹識

2014 年11月11日於紐約

CONTENTS
前言

　　本書以總體經濟的觀點來說明日本經濟構造與日本經濟發展現況，內容以總體經濟學為基礎，並配合日本經濟的統計資訊做說明，讓不了解或不熟悉總體經濟理論的讀者，也能藉由本書的說明了解總體經濟的分析方式及日本經濟的動態變化。

　　本書為使讀者能了解經濟的實際運作與理論之間的關係，本書避免使用艱深的經濟原理論述經濟；以現階段的日本經濟運作模式及制度做發展歷程的說明。但是為了使讀者能確實透析整體社會經濟運作與制度上之關係，本書仍然會納入基礎的經濟理論，並配合經濟統計資訊，用圖、表來做總體經濟分析。

　　基於以上的觀點本書所列舉的日本經濟現象，以一般社會大眾熟悉及財經媒體上經常提及的日本經濟議題為主要。基本上隨國家、社會發展會日常生活上會衍生出許多與經濟問題，而且在不同時間所面對的問題是有所差異，為了使讀者了解經濟問題的所在，本書在經濟問題的闡述中會作制度性的說明。

　　各章節中所列舉的經濟議題是以戰後日本經濟作為討論，戰後到至今將近70年，這期間日本經濟經過許多變遷，各期間經濟發展的特色也有所不同。為了讓讀者了解不同時期衍生的經濟問題，它是如何被解決，及對之後的經濟產生的影響，本

書使用時間序列的資訊，做分析與說明。

　　依據以上的觀點，進行資料的整理與撰稿，全書共分11章。第1章是說明由個人分工的擴大後，形成社會性分工，之後個人經由交易來滿足自己的需求，隨交易內容與範圍的擴大，衍生成複雜的經濟體系。因為社會性分工不斷演進，經濟活動即生產活動，生產內容不斷被擴大，如何掌握生產活動的內容與數量，是各國政府所關心的經濟大事。因此第2章介紹國民生產毛額（GNP）的概念與計算，國民所得之形成與分配等。第3章是運用各年度的GDP做經濟成長的計算，因為每年度的經濟成長受各種市場因素影響不盡相同，會產生起伏變動，就形成景氣循環的變動。本章使用GDP統計資訊做戰後景氣循環與各期間經濟發展的說明。

　　第4章投資與生產結構，說明投資種類及戰後不同時期之投資動向，生產方面說明三級產業的分類，及不同時期產業的發展方向及產業結構。第5章勞動結構，說明目前的勞動人力分布情況，及少子高齡化的人口趨勢下，日本勞動人力的所面對的問題與解決方法。而且日本企業的雇用制度隨經濟發展而有所變遷，長期雇用比例逐漸減少，非典型雇用增加，使薪資所得差異擴大。第6章貿易構造，本章使用比較優勢做貿易理論說明，並依據日本的進出口貿易資料，做日本的進出口產品與市場的分析。

　　第7章財政結構說明財政的功能、日本預算制定的程序，並

依據歲入歲出的資訊分析日本歲出與歲入的構造，及分析各時期日本財政規模變化因素。在稅方面，說明國稅與地方稅的內容，分析稅收的結構。第8章社會保障制度，說明社會保障制度的發展歷程，介紹日本的年金制度及健康保險制度，並分析少子高齡化的人口結構下，日本社會所面臨的年金與龐大醫療保險費給付問題。第9章貨幣與金融體系，介紹貨幣的起源、貨幣的演進、日本銀行的功能及政策工具等。金融市場方面說明，以銀行體系為主的間接金融之資金融通方式，及票券・證券機構為主的直接金融的資金籌措方式，最後介紹日本的金融機構。第10章證券市場與國際收支，說明證券交易的意義及介紹證券交易所，說明經常使用之股價指標，分析日本1980年代之後日本股價之走勢。國際金融上說明國際收支帳的內容與計算方式，利用國際收支的經常帳、資本帳資訊做國際收支動向之分析。第11章安倍經濟學之現況，「安倍經濟學」是對安倍內閣所提出之經濟政策的稱呼，政策有三項主軸，分別是1.量化寬鬆的貨幣政策2.擴大財政支出3.喚起民間投資之成長策略等，這三項政策又被比喻為「三支箭」。本章日本銀行出版的『地域経済報告』及近期的經濟統計資訊，分析政策實施的成效，及日本經濟所面對的問題。

　　此外本書為方便日語學習者在閱讀或查詢日本經濟相關資訊時，必須使用日本經濟的專有名詞，在附錄表中提供日文平假名的對照表及各項經濟統計資訊，以方便日語學習者使用，

幫助日語學習者在學習日語期間也能閱讀日本經濟的相關資訊，更進一步了解日本經濟發展與現況。

從事日本經濟學習已有十餘年的時間，在這期間許多師長的教誨與啓發、許多同事的討論與砥礪，都直接或間接幫助我對日本經濟的了解。此次在五南圖書出版朱曉蘋小姐的協助下，開始整理相關日本經濟的資料進行本書的寫作，在這期間非常感謝金子貞吉教授，對本書提供許多建言及寶貴的資訊。也感謝五南圖書出版編輯同仁的協助，讓本書能順利出版。最後，本書是個人竭盡全力編輯完成，書中仍然有不完善之處，期望各界給予我更多的意見與指正。

陳志坪 謹識

2014年11月26日

第
1
章

導論

1-1 經濟的重要性

　　我們每天從大眾媒體中多會聽到或看到「經濟」這個名詞，從它不斷在媒體上出現，就可以了解經濟在我們生活中是一件很重要的事。然而經濟的意義是什麼？經濟就是指對每個人生活必需使用之商品、勞務，進行的生產、分配、消費之活動。如果從個人每天基本的食衣住行所需要之商品、勞務來說，在現代社會中這些商品、勞務，已經不是由一個人可以獨自完成，而是由許多人共同分工去完成，即使是在古代亦有近似如此的觀點，例如孟子曾經說「一日之所需，百工斯爲備」等，因此，在現代社會中，倘若我們的生活脫離了經濟，那我們的生活便無法運作。

1-2 經濟學的概念

經濟是個人對商品、勞務需求而形成的生產、分配、消費之活動，現代社會人口眾多，而且人類的欲望無窮；但是在商品生產所需要之原物料資源有限的情況下，如何將有限的資源做有效率的運用，對人類社會就是一項重要課題。經濟學以這課題為研究對象，研究個人如何理性的做決策（或做選擇）的社會科學。

1-2-1 市場機能

依據經濟的概念，個人對商品、勞務產生需求時便會積極的到市場上去尋找適合自己的商品，當人人都抱有此想法時，市場上就會形成一股「買方」或「需求」的勢力。另一方面，商品生產者如果想賣某些商品，他們也會積極到市場去兜售商品，此時市場上也會形成一股「賣方」或「供給」的勢力。這兩股買、賣勢力在市場相會，從而決定各種商品的市場價格。對每一個買者、賣者而言，價格都反應商品的交易現況。如果甲商品在市場上交易非常熱絡且受歡迎，自然有人願意投入資源製造它；如果乙商品在市場上交易冷淡又不受歡迎，投入資源去生產乙商品的數量就會減少。

當市場上許多商品的價格或交易現況發生改變，就會逐漸影響引導資源投入的數量，這就是所謂的「價格機能」或稱「市場機能」。「經濟學之父」亞當斯密（Adam Smith）將自由競爭市場上，存在著經由價格調整經濟活動的這股力量，稱為「一隻

看不見的手」。

　　因此，市場上也遵循價格機能解決我們所面臨「生產什麼」「如何生產」「生產多少」「爲誰生產」等經濟問題。

1-3 經濟個體與經濟循環

　　我們了解經濟，是由對商品、勞務需求的「買方」，與供給商品、勞務的「賣方」，兩者在市場上，經由價格機能的運作進行交易活動。現代社會對商品、勞務需求的數量、種類諸多，進行的交易複雜，因此為了能掌握經濟的運作內容，我們將參與經濟活動運作的經濟個體分為三個主要個體。其一是代表生產個體的廠商，二是代表消費個體的家計，三代表政策執行的政府。為了方便了解這三者的關係，用圖1-1來表示。

　　在圖1-1中有作為消費個體的家計、生產個體的廠商、政策執行的政府。在圖1-1中表示消費個體的家計，不但是消費者也是生產要素（勞動、土地、資本）的所有者，廠商是持續擁有前一期留下的資本設備的所有者，作為家計和廠商交易的市場是商品市場與要素市場。在此，廠商生產商品之後將商品送至商品市場，準備進行銷售，消費者則依自己的需求至商品市場尋求商品，並支付對等的通貨價值給廠商之後，取得滿足個人需求之商品。同時對廠商來說，將生產的商品送到商品市場進行銷售，廠商將商品銷售給消費者後，從消費者取得支付商品代價的通貨價值，就是廠商的銷貨收入。

　　然而廠商為了持續生產商品以滿足消費者的需求及增加廠商的收益，必須不斷投入生產要素繼續生產，因此，廠商需要到要素市場購買生產要素，進行商品的生產，而提供生產要素的個體就是消費者，在生產要素市場中消費者將自己所擁有的生產要素提供給廠商後，廠商必須支付對等的通貨價值給予家計個體，此

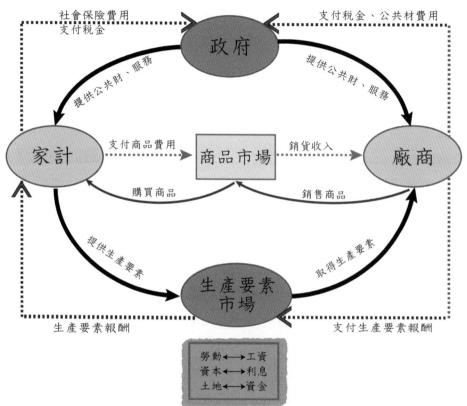

圖1-1　經濟循環圖

價值對家計個體而言就是要素報酬；對廠商來說，為了購買生產要素付出的代價，視為支付報酬。

　　因此，我們可以明瞭消費者由廠商取得要素報酬後，為了滿足需求到商品市場購買商品，之後支付價格給予廠商取得商品。廠商將生產的商品在商品市場銷售後，由消費者手中取得商品代

價成為銷貨收入，之後廠商為了持續生產商品，就到要素市場購買生產要素，此時廠商必須支付報酬給生產要素提供者消費者。除此之外，在經濟活動中企業無法提供之商品，例如保護人民生命財產安全的國防、警政、司法等公共服務，為確保經濟活動順利運作，在此政府就義務對國民與企業提供國防、警政、司法等公共服務。之後政府再透過稅收制度向家計個體與廠商個體課徵稅收，來支付各項公共服務所需要之費用。圖1-1的經濟循環就是表示家計、廠商、政府等三個體之間在經濟活動的相互關係。

1-3-1　總體經濟架構

依據圖1-1所表示家計、廠商、政府等三個體在經濟活動的相互關係，經濟學家將整個經濟抽象地歸納為幾個部門，並研究各部門間交互運作的關係出發，去了解整體經濟的運作情況。一般而言，我們將參與經濟的個體歸納為家計單位、廠商以及政府等三大部門，而這三大部門之間的交易及資金流動情形，接近經濟循環圖。以下我們按各個部門作說明。

(1) 家計單位

家計單位的成員（即消費個體之消費者）受雇於廠商或政府，提供生產要素，收取工資為報酬。家計單位因為擁有公司債券及政府債券而從廠商及政府得到利息收入。某些家計單位因擁

有房屋及設備租給廠商而獲得租金收入。

(2) 廠商

廠商將其生產的商品與服務賣給家計單位與政府，其收到的金額即爲廠商在某固定期間內的銷貨收入。此外，廠商爲進行商品生產，需要使用生產要素進行生產，廠商在取得生產要素的同時必需支付費用，此費用即爲生產要素費用。

(3) 政府

政府爲使家計單位與廠商在市場中能夠圓滿進行交易，政府提供了公共財及各項公共服務，同時廠商與家計單位爲了維持政府的經常運作，需繳稅與社會保險費以維持政府機構持續正常的運行。

以上是將總體經濟的架構歸爲三大部門方式，針對一個封閉經濟型態分類，進行總體經濟循環運作的說明。所謂封閉經濟係指該經濟體與世界上其他經濟體之間並無商品交易或資金的流通情況發生。假如我們討論開放經濟的總體現象時，我們就必須多考慮另一個部門外國部門。即外國人會購買本國廠商所生產的商品與服務，同時本國人亦會購買外國的商品與服務，形成貿易的往來的經濟情況。圖1-1僅表封閉經經濟型態中總體經濟的循環運作。

2-1 國民生產毛額的基本概念

所謂「國民生產毛額」（gross national product），簡稱 GNP。是指特定地區全體人民，在一定期間內，所生產之所有最終商品與勞務的名目市場價值。在上述定義中，我們就四個關鍵重點，做更具體的說明。

(1) 特定地區全體人民

所謂特定地區，一般是指國家，但也可以是某一個地區，如東京或大阪。如果我們要衡量的是一國的生產毛額，則全體國民的生產貢獻，無論是在境內或境外發生，都應納入計算範圍。換言之，國界不是界定生產範疇的標準。這裡的重點是國民生產毛額中的「國民」兩字；因此「非國民」自應排除在外。例如在日本工作的外籍勞工的所得就不屬於日本的國民生產毛額。

(2) 一定期間

國民生產毛額係針對一段固定期間如一年或一季來計算，其餘時間的生產必須排除在外。例如過季商品或舊車的買賣，舊車與過季商品非本期生產，其銷售金額屬於以前年度的生產價值。但是，舊車的銷售也是一種生產行為，因此，車商因銷售舊車而衍生的仲介收入或薪資所得，就是屬於本期的生產貢獻，應列入當期的生產毛額之中。

(3) 最終用途

國民生產毛額僅包括作為「最終用途」的商品與勞務。所謂「最終用途」，是一種相對的觀念，必須視經濟活動的內容而定，無法以商品或勞務的實體性質來區分。例如麵粉若為家計單位所購買，是屬於最終消費；若是被麵包店購入作為製造麵包的原料，則屬於中間投入，不應列入生產毛額的計算之中。

(4) 名目市場價值

國民生產毛額必須以市場交易價格做計算的標準。我們加上「名目」兩個字，用意在強調產出的貨幣價值，特別是以當期貨幣價格計算的市場價值。在一般經濟學用語中，名目價值與貨幣價值是相同意義。

2-1-1 國內生產毛額

隨著經濟的發展，各國之間的經濟活動，透過生產要素的快速流動而逐漸整合。因此，以設籍所在地作為劃分標準，並不能實際反應一個國家或地區的真正生產活動。所以近年來以國內生產毛額（gross domestic product）來衡量生產價值，只要是在國內或地區內生產的價值皆列入計算，即使是在本國或地區內的外籍人士所生產的價值也列入計算。例如在日本的外國人的生產所

得就列入日本的國內生產毛額計算。

　　一般而言，各國之間隨經濟往來的擴大，本國的生產要素會流出到國外做生產貢獻，外國的生產要素也會流入本國做生產貢獻，因此，國民生產毛額等於國內生產毛額加上國外要素淨所得，即

　　　　　　　GNP＝GDP＋國外要素淨所得。

2-2 國民生產毛額的衡量

國民生產毛額的衡量可由三個不同面向，生產、支出、分配去思考，雖然這三方面向的意義不相同，但不論那個角度都能度量一國的國民生產毛額，而且最終度量總量皆均等。

2-2-1 從生產面衡量

生產面的衡量是依據國民生產毛額衡量概念，對特定地區全體人民，在一定期間內，所生產之所有最終商品與勞務的附加價值作為衡量。所謂附加價值是指最終商品價值總額，扣除製造過程中投入之原料、物料等中間商品的價值總額。我們以麵包生產為例，假設麵包的生產過程是由三個不同廠商，分三階段的進行完成。首先，第一階段的製造廠商農場，在農場農夫將10000元的小麥秧苗，全數播種於麥田，經過一段時間培植後，全數收成並以30000元出售予麵粉廠，對農場而言，秧苗是中間投入，因此，扣除中間投入後，農場產生的附加價值是20000元。第二階段製造廠商麵粉廠將購買的小麥加工製成麵粉，並分別將麵粉以40000元出售給麵包店，20000元出售給一般消費者，對麵粉廠而言，小麥是中間投入，因此，扣除中間投入後，麵粉廠產生的附加價值為30000元。第三階段麵包店將購入的40000元麵粉進行加工做成麵包，之後以80000元出售給消費者，對麵包店而言，麵粉是中間投入，因此，麵包店所創造的附加價值是40000元。

最後，將農場、麵粉廠、麵包店在生產過程中，分別創造的附加價值20000元、30000元、40000元，總計90000元。這就是以從生產面進行衡量的國民生產毛額。但是前面提到國民生產毛額是國內生產毛額加國外要素淨所得，這裡我們假設沒有國外要素淨所得的影響，因此國民生產毛額等於國內生產毛額。

由麵包生產的例子中我們可以了解，商品的生產過程中，必須由不同廠商共同完成，而且在生產過程中創造了附加價值。因此，國內總生產如何創造出來，我們只要了解廠商所創造附加價值，大概就能夠掌握國內生產毛額。但是，一國或特定地區，國內的廠商數量眾多且業種複雜，因此，各國多會採用以聯合國統一制定的SNA作為計算準則。SNA中將產業、政府服務、民間非營利組織等視為國內生產毛額的生產單位。產業可分以自然資源作為生產財貨的農林漁畜牧業（第一次產業）、以商品製造作為主的工業（第二次產業）、以提供服務作為財貨的服務業（第三次產業）。

以高度工業化的日本來看，社會分工細密，生產活動並非只限於商品的製造活動。例如工廠負責製造商品，運輸業者將商品工廠搬運至百貨或零售商店，由業者進行商品銷售，又業者在商品銷售時為方便消費者付款，結合金融業者，提供消費者使用信用卡付款。甚至百貨業者為迅速將新商品訊息傳遞給消費者，會透過媒體做宣傳廣告。因此，現代日本社會裡消費者在市場，進行一次交易時，是由許多產業分工結合共同來完成交易。而且

在這交易過程中，各產業依其產業的性質創造個別不同的附加價值。根據內閣府的統計，日本在2012年的GDP為474.4兆日圓，其中一級業占1.2%，二級業占23.9%，三級產業占74.9%。

2-2-2 從支出面衡量

從支出面衡量是以需求面去考量，一國在一段期間內生產的商品，如何被消費，被誰所消費，而且消費的數量有多少。在國民所得帳中，以民間消費支出、民間投資支出、政府消費支出、淨出口等四個部門消費國內生產的商品。以代數式表示如下：

GDE[1]=民間消費支出＋民間投資支出＋政府消費支出＋淨出口（出口－進口）

民間消費支出是國民生產毛額中最主要的部分，包含一國所有家計單位的消費性支出。2012年日本的民間消費支出287.6兆日圓占GDP的61%。

(1) 民間消費支出

民間消費支出按商品與服務的屬性又分為三個項目，

---

❶ GDE為國內支出毛額

① 耐久財消費

耐久財包括使用年限較長的商品，如冰箱、汽車、機車、電視機等。但是耐久財不包含自用住宅的購買支出，因為自用住宅使用年限超越一般耐久財使用年限，因此，自用住宅的購入列入民間投資項下。

② 非耐久財消費

非耐久財包括使用年限較短的商品，如衣服、食物、日用品等。

③ 服務

一般民間消費支出包含服務的各項支出，其中包含房屋租金、水電費、金融保險、醫療保險、娛樂觀光及教育文化等。

(2) 民間投資支出

總體經濟學中，投資是指廠商基於生產財貨為目的，在商品市場中購買生產設備等資本財的行為。在國民所得帳中，投資支出又稱國內投資支出，國內投資支出按其屬性不同又分為三個項目：

① 固定投資

固定投資是國內投資的主要支出，主要包括機器設備、廠房

及非住宅用途建築物等固定資本財的購置成本。

② 住宅投資

住宅投資為家計單位的投資行為，其中包括本期新建或延續以前年度未完工程的營建支出。除此之外，在本期中，有關住宅營建支出或修繕費用都列於投資項下。

③ 存貨變動

存貨是未銷售的商品部分，其增減變動視為投資支出的一種。例如，商店因應年節需要而預先儲存商品，這是商店資產的增加，不論這些商品在未來是否完全出售，都屬於本期的投資支出。因此，存貨變動代表本期最終產品的增減，被列為投資。

以上說明是指民間廠商或家計單位每年對資本財的投資項目，這些投資為流量，而資本財是存量。例如某工廠有兩部機器出售一部機器後，再購買一部等值機器，其資產存量不變，所以不算投資，而投資是以資產存量變動做計算。在國民所帳中，投資來自兩種存量的變動：一個是當期新增資本財，稱為毛投資（gross investment），另一個是當期資本財使用所發生的折損及消耗，稱為折舊（depreciation）。這兩項目的差額，稱為淨投資（net investment）。以代數式表示，

淨投資＝毛投資－折舊。

國民生產毛額中的投資支出，指的是毛投資，不是淨投資，如果將折舊自國民生產毛額中扣除，則得到國民生產淨額（net national product，簡稱NNP）。因此，

$$GNP＝NNP＋折舊。$$

同理，國內生產淨額（net domestic product，簡稱NDP）等於國內生產毛額減折舊。

(3) 政府支出

政府支出這是指國民生產毛額中被政府使用的部分，主要包括國防、行政、司法、治安、教育、公務人員薪資等經常性預算支出及包括公債利息、福利性支出等移轉性支付；但移轉性支出不屬於國民生產毛額。以福利性支出的失業救濟金爲例，政府將來自納稅人的稅收直接移轉至失業者，這過程政府並未進行任何消費活動，因此福利性支出不列入國民生產毛額的計算。又政府所提供的服務多爲一般市場所無法提供的服務，例如國防、公共行政、司法等，這些服務都沒有市場價格，因此都以生產成本計價。所以世界各國依國家經濟規模及政府提供服務的差異等因素，政府支出占GDP的比例不盡相同，以2012年日本政府的總支出爲96兆日圓，占GDP的20%。

(4) 淨出口

出口是指本國生產的商品，經由貿易的方式被外國人所購買使用掉，相對的進口是外國生產的商品，經由貿易的方式被本國人所購買而使用。而進口這部份的商品是在國外製造，不屬於本地的國民生產毛額，因此須從總支出額中扣除。所以出口－進口＝淨出口。一般在經濟的用語，出口大於進口稱出超或貿易順差，出口小於進口稱入超或貿易逆差。日本經濟在二次大戰後1945年起至1969年間，貿易多是逆差，但1970年開始至2010年為止，對貿易多是順差。2012年貿易是逆差為9兆日圓，占GDP的1.9%。

以上我們由商品製造的生產面與商品使用的消費面說明生產毛額的衡量，我們可以了解，都是在衡量一國國內的經濟活動，因此，從生產面或支出面衡量的國內生產毛額事實上必然相等。以代數式表示，國內生產毛額等於各項支出的加總，即

$$GDP = C + I + G + (X - M)$$

以上代數式中，C代表民間消費，I代表民間投資支出（或稱國內資本形成毛額），G代表政府支出，X代表出口，M代表進口。

2-2-3 從分配面衡量

　　在生產面衡量上，我們以生產所創造的附加價值作為國民生產毛額（國內生產毛額）的衡量，而附加價值是根據生產者使用生產要素所創造出來，在經濟學上認為生產者使用生產要素必須要付出費用，要素提供者因為提供生產要素進行生產，因此會獲得報酬即是所得。所以我們只要掌握所得來源，便能衡量國民生產毛額。這種從生產要素所得角度估計一國生產的方法，又稱要素所得估計法。

　　一般經濟學中所稱的生產要素是指勞動、資本、土地、企業能力等四大項。勞動的所得稱工資，資本所有者的所得有部分為利息、有部分為租金，兩者合稱利息，土地所有者的所得是地租，企業經營能力的報酬稱利潤。以上四種生產要素的所得是一國的主要所得，在國民所得帳中工資、利息、地租、利潤的加總稱為國民所得。以數學式表示，

國民所得＝工資＋利息＋地租＋利潤。

　　國民所得以生產要素所得做計算不同於國民生產毛額採用的項目，因此國民所得不等於國民生產毛額，其主要原因是有些屬於國民生產毛額的項目並未包含在要素所得之中。首先，國民生產毛額包括資本折舊，但折舊費用卻是企業主計算利潤時的減

項。其次，廠商銷貨必須繳納營業稅、印花稅、港口捐等間接稅。同時，廠商也可能自政府獲得生產補貼。間接稅減掉生產補貼後的金額，稱為間接稅淨額，這些也是企業主計算利潤時的減項。因此，以數學式表示即，

國民所得＝國民生產毛額－折舊－間接稅淨額。

個人所得與個人可支配所得

經濟學概念裡認為家計單位是提供生產要素的基本單位，而國民所得為總體生產要素的所得，但這些所得並非全數歸屬家計單位所有，因為提供生產要素的家計單位如有獲利就必須繳納稅金。例如，廠商因生產獲利，必須繳納營利事業所得稅，而稅後淨利也未必全數分配給股東。因此，營利事業所得稅及未分配盈餘必須自國民所得中扣除，才能計算家計單位的實際所得。除此之外，家計單位也有可能自國內或國外獲得各種移轉性支付，例如，失業救濟金、退休年金、補助款等。這些項目並非報酬，必須加進國民所得才能計算出家計單位的實際所得。因此，國民所得扣除營利事業所得稅及未分配盈餘，加上國內外移轉性支出後這才是屬於家計單位的個人所得。以數式表示如下：

個人所得＝國民所得－（營利事業所得稅＋未分配盈餘）＋國內
外移轉性支付淨額。

　　之後家計單位依據個人的所得繳納個人所得稅，剩下的所得才是個人可以分配使用的所得，稱可支配所得。即

　　　　可支配所得＝個人所得－直接稅。

2-3 日本國民經濟計算

日本的國民經濟計算是採SNA基準做計算，在國民所得要素的統計上，對要素所得的認定基本上分3大項目，①薪資所得項目（雇用者報酬），②折舊項目（固定資本減耗），③間接稅淨額項目（生産・輸入に課される税）等。以日文表示如下：

$$国内総所得＝雇用者報酬＋営業余剰・混合所得＋固定資本減耗＋純間接税＋統計上の不突合$$

依上述數學式使用的「雇用者報酬」、「固定資本減耗」、「營業余剰・混合所得」做以下部分的說明：

(1) 薪資所得項目在日文是以「雇用者報酬」來表示，薪資所得為受雇人員提供勞動力作為生產要素後所獲得的報酬。而受雇人員是指在各部門從事生產活動的就業者，例如企業上班的人士、公務人員、各級議會議員等，但是這當中不包含從事個人事業的自營業者及無薪資報酬的家族企業勞動者。而且在SNA統計中薪資所得「雇用者報酬」概念與一般認知的薪資所得概念有所不同，SNA中的薪資所得概念是受雇者從事生產活動所產生的附加價值當中，受雇者所分配到的部分。在薪資所得項下分三項類別，①薪資・本薪，②雇主負擔之社會保險費用，③其他的雇主負擔費用（如退休年金中雇主負擔之費用）等。特別是雇主所負擔的社會保險費用，例如年金、健康保險等這類保險，法律上已經規定雇主必須按照一定比率分擔此費用，而雇主分擔的費用並

不會直接分配給所屬員工，但是可以將這類的雇主負擔費用視為員工的薪資所得的一部分。

(2) 固定資本折舊項目在日文是以「固定資本減耗」表示。固定資本折舊的概念是，例如，工廠新購置一部機器設備100萬，預定使用10年，而且預計這部機器設備每年會有10%的性能折損率，因此每年提列10萬元的折舊費用，並將每期折舊費用轉入累積折舊，於10年到期後將所累計的折舊100萬元，作為新機器設備更新再投資的資本金。但是累計折舊帳戶資金是作為再投資的投資資本金，這僅限於會計帳目上的記載，而實際上提列的折舊費用，已經被企業作為新設備投資的資金所使用。因此，每年全國因機器設備損耗所提列的費用，是作為機器設備更新投資的資本金，這就是SNA中的「固定資本減耗」。2012年固定資本折舊100兆日圓占GDP的21%。

(3) 營業盈餘、綜合所得項目在日文以「営業余剰‧混合所得」表示，本項目主要是指企業生產商品及提供勞務後，將銷售所得到之銷貨收入扣除折舊費用與勞動費用後所剩餘的金額，這與一般認為的利潤概念非常接近。2012年的「営業余剰‧混合所得」為90兆日圓，占國民所得的23%。

本項目中有關企業的概念在SNA中所認定的企業包含：非金融法人企業、金融機構，民間非營利團體，個人企業等。個人企業範疇包含農家、商店、開業醫師等。所以在SNA中企業的概念並不只限於雇用勞工從事生產的企業，同時也包含個人經營的

企業即自營業者。在日本整體的企業個數中，自營業占有相當的
比例；近年來因企業型態的變化自營業有逐漸減少趨勢。在這當
中最顯著是零售業中的個人企業，過去在都會區中商店街裡的自
營商店，因為大型超級市場及便利超商的興起，提供完善且便利
的購物環境，自營業者無法與超級市場及便利超商競爭，因此個
人經營的自營業逐漸退出市場。

　　另外，有關綜合所得的概念，在93SNA中認為自營業者的
範疇廣泛，因此將個人企業的營業盈餘列入綜合所得計算，如此
認定是因為，自營業者的個人企業盈餘，使用於個人生活費用比
例，遠高於企業的各項開銷，因此個人企業的營業盈餘含有類
似個人薪資所得的內涵在，所以把它視為綜合所得。2012年的
「混合所得」有90兆日圓。

參考文獻

SNA總務省，統計局 http://www.stat.go.jp/data/chouki/03exp.htm。

內閣府，『国民経済計算年報』。

　　　http://www.esri.cao.go.jp/jp/sna/menu.html

3-1 經濟成長率

　　根據圖1-1經濟循環的概念，家計單位提供生產要素給廠商，之後由廠商獲得所提供要素的報酬即家計的所得。如果我們以單一國家經濟規模來看，國內廠商生產的數量持續增加後家計單位的報酬也隨之不斷擴大，整體國民所得亦隨之不斷增加。所以掌握一國生產數量的變動趨勢，便可瞭解該國的所得成長狀況。一般衡量一國經濟規模大小在經濟學上多使用GDP，而且GDP每一年的變化量更被視爲重要的經濟指標，在經濟學常上以GDP的數量來計算經濟成長率，並使用經濟成長率來表示，國家的經濟發展概況。以數學式表示如下：

$$經濟成長率 = \frac{當期GDP的變化量}{前一期的GDP} = \frac{Y_t - Y_{t-1}}{Y_{t-1}}$$

在此Y_t表示當期的GDP，Y_{t-1}表示前一期的GDP。

3-1-1 景氣循環

　　國內生產毛額是用來衡量一個國家在某一期間的商品與服務的生產總量，但是在經發展過程中，生產量有時快速增加，有時停滯、甚至減少的現象，這些現象反映的是整體經濟景氣狀況的變化，而這種景氣狀況隨時間而波動的現象，我們稱之爲景氣循環。因爲是循環與波動，因此必定有頂峰與谷底。當經濟處於往頂峰爬升時，我們稱之爲景氣擴張期，當經濟由頂峰往谷底下降

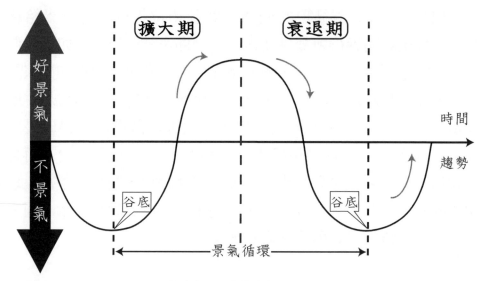

圖3-1　景氣循環圖

時，我們稱之爲景氣衰退期，而整體由谷底爬升至頂峰之後由頂
峰衰退至谷底，這樣的循環我們視爲一個景氣循環，如圖3-1所
表示。

　　戰後日本經濟發展過程中，經歷了14次景氣循環，表3-1是
依據日本內閣府所發表的「景気基準日付」（日本景氣通報基準
日）制定的表格。戰後日本經濟景氣循環，每一次循環時間長短
不同，不過一般而言，在擴張階段經濟上升緩慢，經歷時間會較
久；但是衰退時，很可能來得急去得快，經歷時間較短暫。

表3-1　戰後日本之景氣循環

	谷底	高峰	谷底	期間			名稱	
				擴張	衰退	全循環	擴張期	衰退期
第1循環		1951年6月	1951年10月		4個月		特需景氣	
第2循環	1951年10月	1954年1月	1954年11月	27個月	10個月	37個月	投資景氣	
第3循環	1954年11月	1957年6月	1958年6月	31個月	12個月	43個月	神武景氣	鍋底不況
第4循環	1958年6月	1961年12月	1962年10月	42個月	10個月	52個月	岩戸景氣	転換期構造不況
第5循環	1962年10月	1964年10月	1965年10月	24個月	12個月	36個月	オリンピック景気	証券不況
第6循環	1965年10月	1970年7月	1971年12月	57個月	17個月	74個月	いざなぎ景気	
第7循環	1971年12月	1973年11月	1975年3月	23個月	16個月	39個月	列島改造ブーム	
第8循環	1975年3月	1977年1月	1977年10月	22個月	9個月	31個月		
第9循環	1977年10月	1980年2月	1983年2月	28個月	36個月	64個月		
第10循環	1983年2月	1985年6月	1986年11月	28個月	17個月	45個月		円高不況
第11循環	1986年11月	1991年2月	1993年10月	51個月	32個月	83個月	バブル景気	平成不況
第12循環	1993年10月	1997年5月	1999年1月	43個月	20個月	63個月		平成不況
第13循環	1999年1月	2000年11月	2002年18月	22個月	14個月	36個月		平成不況
第14循環	2002年1月	2008年2月	2008年2月	73個月	13個月	86個月		

資料來源：內閣府網頁。

3-2　戰後日本的經濟成長

3-2-1　戰後混亂期

　　二次大戰後期日本國內遭受轟炸，戰爭結束後都市到處瓦礫殘骸，工廠損壞嚴重，日本政府戰後立即投入復興工業的工作，首先面對的是棘手的惡性的通貨膨脹，物價上漲速度以躉售物價指數來看，以1945年爲基準在1946年就上漲2倍，1947年上漲3倍，1948更上漲爲6倍[1]。爲抑制惡性貨膨脹的持續，1946年2月起連續頒布「金融緊急措置令」、「食糧緊急措置令」、「隱匿物資等緊急措置令」等命令因應。之後於3月頒布「物価統制令」新措施後物價波動才受到控制。

　　日本在抑制通貨膨的同時國內失業人數亦不斷的攀升，爲了解決嚴重失業問題與復興產業的生產，1947年開始導入「傾斜生產方式」經濟政策。政策的方針是將有限的資金與資源、材料優先投入特定的基礎工業。例如，先將生產的資金投入煤礦的開採，之後將開採的煤礦投入鋼鐵的生產，然後將鋼鐵成品運用於基礎產業的整建。爲了使「傾斜生產方式」政策能順利運作，在1947年1月設立「復興金融金庫」。政府依據國內經濟復興的需要，決定優先融資與援助的產業順序，制定「資金融通準則」，之後「復興金融機構」依政府決定的「資金融通準則」對特定產

[1]　篠原三代平（1991年）『日本経済のダイナミクス』25-35頁。

業做設備資金、營運資金的融通等。在這期間日本銀行也配合政策運作，對於將資金融通給被認定於「傾斜生產方式」的特定產業之一般金融機構，日本銀行會對該機構進行優先的資金融資。自1947年起至1948年兩年間，煤礦產業接受475億日圓融資，占「傾斜生產方式」融資總額的36%，其次是電器產業的224億日圓，海運業的134億日圓，鋼鐵產業的37億日圓。

　　戰後1946年至1950年間，日本政府致力於產業的復興、解決嚴重的失業問題、抑制惡性通貨膨脹的進行。這段期間國民生產毛額由1946年的4740億日圓增加至1950年的39467億日圓，成長約8倍。

3-2-2　韓戰與復興

　　1950年6月韓戰爆發，美軍在日本籌措軍事物資，帶動日本經濟總需求的擴大，這個需求被稱為「特需」。這個「特需」，從1950年的3億3000萬美元，到1952年最高金額5億美金，之後逐漸減少，到1954年為止，5年間總共給日本經濟帶來16億2000萬美元的出口。同時在這段期間因為「特需」的經濟效應帶動日本的相關出口，從1950年至1954年間日本的出口累計至63億5000萬美元，也使日本自1950年起貿易收支由逆差轉為順差，

改善日本外匯短缺的狀況[2]。

　　韓戰期間「特需」擴大日本經濟的需求，帶動工業生產，1951年的工業生產恢復到接近戰前1940年的水準，以粗鋼的生產來看，1940年的最高產量為685萬噸，1951年為650萬噸，1952年699萬噸更進一步超越戰前的生產水準。

　　自戰後以來日本企業延用戰前的生產設備進行生產，至韓戰期間因應生產的擴大，企業對戰前所遺留下來的設備進行汰舊換新，做大幅的設備更新。因為企業的設備投資的增加，進一步帶動市場需求的擴大，日本銀行擔心引起物價波動，在1951年10月採取通貨緊縮政策，對銀行融通的基本利率（公定步合）提升至5.84%的水準。在1951年7月韓戰進入停戰階段，「特需」所帶動熱絡的景氣突然間冷卻下來，之後1952年又遇上世界經濟的衰退，造成日本經濟出口衰退，進口物資庫存增加，整體經濟陷入嚴重的景氣衰退。

　　日本政府為突破景氣的衰退，採用擴大財政支出政策，1953年一般會計的支出超過1兆日圓，特別會計高達1兆3335億。這期間受惠於「特需」與政府財政的擴大支出使低迷的景氣恢復持續經濟成長，GNP由1950年約3兆9470億到1955年約8兆3990億5年間倍數增加。

---

[2]　金子貞吉（1996年）『戰後日本経済の総点検』43-45頁。

　　1955年12月鳩山內閣會議通過了戰後首次的經濟計畫「経済自立5ヵ年計画」，內容重點爲設備近代化、振興貿易、達成勞動就業目標等。特別是在『1956年版・経済白書』中寫下「もはや戦後ではない」的名言，也就是宣示當時的日本經濟已經超越戰前的水準。從1955年起日本經濟景氣逐漸恢復，及世界經濟景氣的帶動下，1956年起鋼鐵、化學、機械等大型材料產業擴大設備投資，1956年民間的設備投資比前一年度成長52%，1957年也持續成長40%，在一波擴大設備投資帶動，下一波設備投資的擴大循環中，景氣繁榮興起，成爲戰後日本經濟的投資高潮。更創造有史以來前所未有的景氣榮景，日本將這波景氣稱爲「神武景氣」。

　　1956年10月蘇伊士運河區域發生動亂，國際商品價格高漲；這段期間日本經濟又處於迅速成長時期，設備投資都是以十位數的速度在成長，大量進口國外的機器設備與原料，受到這波國際物價的波動，大幅提高日本的進口成本，同時也帶動日本國內物價的上漲。而且，因爲進口物資與機器設備，使用了大量外匯，造成日本外匯的短缺，這因素讓日本經濟景氣無法持續擴大。在當時稱此經濟現象爲「国際収支の天井」。

　　此時的日本經濟受到國際物價上漲產生的通貨膨脹影響，日本銀行爲抑制物價的上漲，1957年3月起將重貼現利率逐步調升，同年5月調至8.4%並依據銀行的規模實施放款限制，即「窓

口規制」❸政策限制銀行的放款，這時又逢國際經濟景氣的衰退，日本經濟受這兩項因素的夾擊下，在同年的6月結束「神武景氣」，景氣迅速衰退。而且這波景氣衰退到谷底後持續一段時間的低迷，如此景氣的變化，如同鍋底一樣，因此被稱爲「鍋底不況」。

戰後日本經濟以提高生產力增加出口，賺取外匯，來彌補因國內資源缺乏須大量進口原物料的外匯支出。在神武景氣期間因企業設備投資的擴大，從國外進口機器設備、原料、能源等，大量使用外匯，國際收支日趨惡化。在外匯缺乏時期，國際收支的惡化會造成匯率下跌，日本基於IMF的加盟國之責任，有必要爲持匯率的穩定，所以有義務改善國際收支惡化的現況。因此，日本銀行會以緊縮的貨幣政策來控制日本經濟的景氣。於是國際收支狀況成爲當時日本經濟的指標。

經過1957年的不景氣後，1958年景氣逐漸復甦，之後1960年至1961年每年都維持10%的實質經濟成長。尤其是1961年版『経済白書』中記載「投資が投資を呼ぶ効果」的現象。這內容是說明當時的日本經濟，處於擴張階段，設備投資會帶動不同產業的設備投資。從1956年至1961年經濟發展來看，這5年中雖然有遇上不景氣；整體的GDP還是由1956年的9兆4470億日圓增加

---

❸ 日本銀行對商業銀行的企業放款額度，所進行的管制措施。

到1961年的19兆3070億日圓，仍然維持5年中GDP倍數的增加。

3-2-3　所得倍增期

　　1960年7月池田內閣成立，提出1961～1970年度「所得倍增計畫」經濟政策。政策主要目的為國民總生產增加一倍，擴大就業機會達到完全就業的目標，提高國民生活水準。計畫內容主要有五項，(1)提升產業構造之高度、(2)促進出口與協助國際經濟發展、(3)振興科學技術、(4)消除二重構造的差異、(5)充實社會資本。這期間日本同時進行「太平洋ベルト工業地帶工業地構想」的計畫，這計畫是針對太平洋沿海大都會地區進行工業的發展，計畫的目標是訂定經濟成長率7.2%，工業生產成長率10.5%，之後實際執行後經濟成長率10.25%，工業生產成長率13.8%皆超越預定的計畫。GDP由1960的16兆增加到1965年的32兆。

　　這段期間依據經濟計畫的重點，培育特定產業，政府將資金集中導向特定產業，讓產業能順利集資，導入新技術，購買生產設備、原料。企業在政府資金的配合與國外技術的導入，生產技術提高，產出增加。培育的產業中以日本重工業的生產力提升最為顯著。在整體的重工業生產技術與品質水準的提升，促進日本產業的升級，並達成提升產業構造高度的計畫目標。這期間工業區沿太平洋沿岸進行開發，公共投資也多集中於重點工業區域，

工業區的發展，擴大區域就業機會，就業人口流向工業區域，又公共投資增加，生活機能提高，使日本的人口逐漸往都會區域集中，城鄉差距開始形成。

1962年日本政府為平衡城鄉差距的問題，同年5月公布「新產都市建設促進法」規劃15區（道央、八戶、仙台灣、常磐山、新潟、富山富岡、松本諏訪、岡山県南、德島、東伊、大分、日向、不知火有明大牟田、松江中海、秋田湾）投入重要性公共建設及發展重工業做區域的綜合性開發。但是這期間因日本企業持續擴大生產設備投資，帶動日本進口的增加，迫使日本銀行再度實施金融緊縮政策，經濟成長率也因此再度緩和下來。這期間設備投資帶動經濟成長率衰退下來現象『62年‧経済白書』稱此現象為「転型期」。轉型期是成長方式變化的意思，是指經濟成長中國民總支出中消費與投資變化的比率。這是說明日本經濟自戰後的復興期開始，經濟成長率多依賴企業的設備投資擴大，進而帶動相關企業的設備投資擴大，也就是投資帶動投資。但是，戰後日本經濟發展至「所得倍增期」階段，企業的產能出現過剩，出現設備投資擴大遲緩現象，之後景氣復甦的引爆力，由民間投資轉換成政府的財政投資。

所得倍增期的1966年至1970年間GDP由38兆日圓增加到73兆日圓，5年間仍然增加將近倍數。在這高度成長時期，日本經濟迅速的發展，GDP從1955年至1970年為止幾乎每5年間成倍數成長。國民的生活也因為所得的提升，對飲食、服飾的消費財需

求滿足後，對耐久財的需求不斷增加，甚至追求高級的鐘錶、沙發、鋼琴等商品。日本在這期間企業也不斷開發新的家電產品，大幅提升家電產品的普及率。在60年代冰箱、洗衣機、電視等號稱流行的三種神器。除此外烤麵包機、電風扇、電子鍋、吸塵器等電器產品也都進入了一般家庭廣泛被使用，減輕婦女的家事工作負擔，並將日本居家生活用品帶入電器化的時代。

3-2-4 70年代世界經濟的低迷期

日本經濟經過高度經濟成長後進入70年代，首先遇上1971年美國尼克森總統實施「新經濟政策」，宣布停止美元兌換黃金，課徵10%進口稅。之後美元在國際市場的價值大幅下跌；日本銀行仍然維持1美金兌現360日圓的低匯率水準，大量買入美金，並限制美元兌換日圓。日本銀行採用如此行動，除了協助美國維持美金的價值外，同時能維持日圓低匯率水準出口的優勢，及確保商社持有的美元價值，不會因美元的貶值而造成資產的損失。

1972年田中內閣誕生，田中首相為突破低迷景氣再現高度經濟成長期的繁榮景氣，提出「日本列島改造論」構想，並設立懇談會，然後完成「工業再配置促進法」，之後於1973年2月內閣會議通過「經濟社会基本計画」（73～77年度）。這計畫的內容是持續5年每年9.4%的實質經濟成長率，投入90兆日圓的社會

資本設備，延伸高速公路、新幹線的興建，並對全國的工業區重新配置，地方都市進行建設，然後與高速公路連接。爲達成此計畫，1973年政府的預算大幅增加至約14兆日圓（比前一年度增加24.6%），同時財政投融資也增加到約6兆日圓。

在這期間歐美與OECD各國對日本貿易累積的貿易盈餘怨聲載道，要求日本需要擴大財政支出與進行減稅。日本政府爲因應歐美各國要求，進行擴大公共事業投資，以發行建設公債，作爲公共事業費用支出的需求，增加國內需求來帶動經濟的成長。從此之後，日本經濟的成長逐漸傾向依賴財政支出的擴大效果來促進經濟成長。

在1971年日本銀行爲維持美元匯率大量買入美元，日圓因此大量流入市場，通貨膨脹壓力逐漸形成，之後政府又進行「経済社会基本計画」的擴大財政支出政策，資金充斥於市場上，埋下土地炒作的誘因。以全國銀行對不動產的融資額度占總業務放款額的比率來看，在1971年以前多維持在5%以下；1971年增加到10%，1972年更增加至13%，比前一年度增加約3%❹。這些資金迅速流向不動產市場，首先是新開發土地的價格暴漲，其次是住宅用土地，而且是地方都市的上漲帶動大都市的地價上漲，之後擴大到全國，這也是日本經濟戰後首次經歷的小型泡沫經濟。

---

❹ 金子貞吉（1996年）『戰後日本経済の総点検』142頁。

　　1973年10月第四次中東戰爭爆發，阿拉伯石油輸出組織（OAPEC）波斯灣六國對支持以色列的各國進行每月減少5%石油供應，又逢美元貶值而以美金計價的原油價格也受到影響，在原油數量供給的減少與價格的波動下，原油由原本的1桶3.01美元上漲為5.12美元，1974年1月開始更調漲至11.65美元，與前一年相比較價格上漲幅度約4倍。因此原油相關商品的價格也迅速攀升，首先是國內大盤批發價格上漲，接下來是一般消費商品的價格上漲。在當時物價高漲情況下，銷售商品的商店對商品惜售與一般消費者對商品瘋狂似的搶購下市場更顯得混亂，一度日本各地連超市中剛上架的衛生紙都立即被搶購一空。

　　日本政府因應石油價格與物價的波動，首先在1973年6月公布「生活関連物資の買占め売り惜しみに対する緊急措置法」，針對囤積與不出售生活相關貨品的商店進行約束，12月設立「石油需給適正化法案」減少石油與電力的供應來因應石油危機。同時，田中內閣為了應付暴漲的物價，實施抑制總需求的政策，日本銀行提升對銀行融通的基本利率，減少貨幣供給量，暫緩公共事業的進行，提高米價及國鐵的票價等措施。之後的福田內閣仍然持續抑制總需求的政策，並且在1974年12月的內閣經濟政策會議中將經濟成長優先路線轉轉換成安定成長路線。國內工業由依賴石油的產業結構，逐漸調整為對石油依賴較低的產業結構。

　　70年代初期世界經濟經歷第一次石油危機，各國物價高漲，景氣低迷，經濟成長趨緩。尤其是1974年世界經濟發生通

貨膨脹及高失業率並存的停滯性通貨膨脹現象。此時日本經濟也是受世界景氣的影響，1974年消費者物價指數較前一年上漲23.2%，民間消費能力降低，民間設備投資趨緩，就業市場不安定，失業率呈現擴大趨勢。1975年2月開始日本政府進行四次的景氣應變政策，主要內容多是由公共事業投資來刺激景氣的回復。日本政府為因應公共事業投資的費用，開始發行公債，之後的內閣為刺激景氣也多採用相同的政策模式，使日本財政日趨惡化至今長年呈現赤字現象，公債累積金額不斷增加。

日本經濟歷經了第一次石油危機之後，產業由以材料工業為中心的生產結構，轉向發展短小輕薄的節能商品，同時致力能源的替代商品的開發。但是國際石油價格受到伊朗政變的影響，再度發生劇烈波動，原本1桶13～14美元的原油到1980年中上漲超過30美元。此次日本銀行為了抑制通貨膨脹的發生，1979年立即提高重貼現率，由3.5%提高至5.25%，之後又連續四次調升，到1980年為止提升至9%。同年大宗物資的售物價上漲17.8%；消費者物價則控制在8%。

日本經濟在70年代經歷了兩次石油危機，經濟受通貨膨脹及景氣低迷的影響，經濟成長陷入停滯性通貨膨脹的狀態。政府為了抑制物價上漲採取緊縮的貨幣政策，將國內的利率水準帶入高利率的時代。在這貨幣供給量受到限制、高利率、國內景氣低迷的時代，民間投資意願低，實質經濟成長率約5%左右，相較於60年代的10%成長，經濟成長明顯衰退。

3-2-5　80年代的泡沫經濟

　　80年代初期日本經濟仍然延續70年代後期之成長模式，國內總需求成長遲緩，必須仰賴出口及公共投資來擴大總需求。然而政府財政已經是入不敷出的狀態，爲應付龐大的財政支出，必須持續的發行公債來支應公共投資事業費用。因爲公債赤字不斷的累積，政府也開始緊縮財政及進行稅務改革，在這過程中遭受反對，財政相關計畫因此凍結。爲解決日益惡化的財政問題，政府在1985年將日本專賣公社及日本電信電話公社民營化，之後在1987年也將長期處於虧損國有鐵道公社民營化。

　　在財政改革及民營化進行期間中曾根內閣設置「國有地等有效活用本部」，之後進一步設立「民間活用推進方策研究會」，大力倡導民間與政府合作共同開發事業。1987年制定「社會資本準備法」，這法案通過後，日本電信電話公社民營化後所籌募到的資金，即可以投入到公共事業上作資金的活用。此外，政府也修改「開發銀行法」，讓資金可以投入民間所進行的公共事業計畫，之後政府與民間共同出資的事業體即「第三セクター」❺如雨後春筍般在各地成立。各地的「第三セクター」許多從事高爾夫球場、休閒渡假設施的開發；各項設施投資是由「第三セクター」出資，但是設施周圍的道路、下水道等公共工程仍然是由各

---

❺　各地區的公部門與民間企業共同設立的企業。

地方政府興建，之後這反而造成地方政府的財政負擔。

日本政府在導入民間資金參與公共事業、國有資產的開發後，帶動一股開發風潮如東京灣臨海副都心開發計畫，千葉縣的「幕張副都心構想」，「關西國際空港（株）」等。在這期間日本國土廳在1985年發表「首都改造計画」，計畫內容指出東京的商業辦公大樓不足，之後從東京開始地價上漲，這股上漲風潮立刻擴散到全國各地，逐漸將日本經濟帶向資產泡沫方向發展。

1985年美國政府為改善貿易與財政赤字，9月在紐約廣場飯店與英、德、法、日各國進行匯率問題的政策協商，會議當中美國要求日本擴大國內需求進行減稅與公共投資，此外還期望日圓能更進一步的升值，在會議結束之後9月24日日圓兌換美元立即由238日圓跳升至225日圓。日圓大幅升值後國內出口產業與景氣受到影響，政府為解救低迷的景氣，調降重貼現率至3.5%。出口產業的大企業也進行組織合理化的重整，做人員的精簡；進口相關企業因得利於日圓升值的關係，產生匯率差異獲利增加。

1986年政府首先在證券市場上，釋出民營化後政府所持有之官方股權，如日本電信電話公社企業等股權，當時市場投資客多存著民營化企業的股價不會跌的幻想，爭相投入資金購買政府釋出的股權，這股購買官股風潮帶動證券市場交易量及股價上漲。此外日本的投資機構因美金貶值之故，投資美國債券產生匯率差異的大量損失，於是在美國的資金陸續回流日本，並流入證券市場。又逢日圓升值重創國內出口產業，造成不景氣，政府為

解救經濟逐步調降利率，增加市場貨幣流通量。證券市場在這三因素簇擁下股價迅速攀升，1989年12月29日東京證券交易所日經指數創最高紀錄38915日圓。

80年代後期，受惠於小型電腦問世與價格下降價，企業機構的辦公設備逐漸導入個人電腦，在市場上興起購買電腦相關商品及結合電腦辦公設備的風潮。此外，在內需擴大及泡沫經濟下，個人消費能力隨之提升，零售業的百貨、大型超市、便利超商、餐飲連鎖店亦多有成長。市場的消費成長下，帶動80年代末期最後一波企業的設備投資，這也使1988年至1990年間的實質經濟成6.2%、4.9%、5.1%多優於其他年度。

3-2-6 ▷ 90年代泡沫經濟破滅

日本銀行在土地與股票等資產泡沫化時期，擔心資產泡沫化引起其他消費物資價格的波動，在1989年5月首度提高重貼現率結束戰後的最低水準，之後又陸續調升重貼現率到1990年8月調高到6%，同時貨幣供給量在1991年4月也降低至3.8%。在利率水準調升與貨幣供給量降低的過程中，證券交易市場的股票價格急速下跌；中間除了在1990年5月股價有短暫反彈，在這期間銀行、證券公司又陸續爆發醜聞，股價受到影響一路下跌，到1992年8月18日以14309日圓收盤，迫使政府緊急發表「金融行政の当面の運営方針について」穩定金融的政策，在政策發表之後股

價多維持在2萬日圓左右。但是1995年2月外國資本大舉出脫日本股票，又4月日圓異常升值一度突破80日圓，政府也沒股市護盤措施，7月股價一度跌至谷底14500日圓，自此之後股價多維持在2萬日圓以下盤整，這也正式向市場宣告股市的泡沫經濟瓦解。

房地產方面在政府在1990年4月實施「不動産融資の総量規制」，這個措施使成長近頂點的不動產市場迅速惡化，不動產相關企業資金調度陷入困境，無法償還融資金融機構（ノンバング）之貸款，許多不動產企業因此破產，融資金融機構也因貸放給不動產企業之資金無法回收，呆帳增加的公司財務惡化陸續發生公司倒閉。當時的融資金融機構許多是銀行所設立的子公司，公司資金來自母公司，因此由不動產公司發生的破產風潮，進而影響到銀行的營運。以日本全國不動產平均公告價格來看從1992年下跌4.6%開始連續每年下跌至2006年。這也是日本經濟陷入長期不景氣的主要因素之一。

日本的貿易收支從70年代初期開始，除了兩次石油危機期間之外，到80年代後期為止多是盈餘，尤其是對美國創造了大量的貿易盈餘，儘管在1985年廣場協議後日圓大幅升值，日本企業透過組織合理化將人員精簡，降低成本，提高生產效率，仍然維持對美國的出口優勢，在1993年8月日圓升值至歷史新高100.4日圓兌換1美元。日本企業在80年代後期因日圓升值，大量增加海外直接投資，到90年代為更進一步降低生產成本，日本企業更增

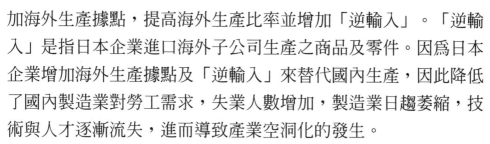

加海外生產據點，提高海外生產比率並增加「逆輸入」。「逆輸入」是指日本企業進口海外子公司生產之商品及零件。因為日本企業增加海外生產據點及「逆輸入」來替代國內生產，因此降低了國內製造業對勞工需求，失業人數增加，製造業日趨萎縮，技術與人才逐漸流失，進而導致產業空洞化的發生。

90年代後日圓不斷升值，使日本國內進口物價下跌，隨著進口物資價格下跌帶動日本國內物價的下跌，物價下跌與市場經濟的交易相互作用後，市場「連鎖性通貨緊縮」（デフレ・スパイラル）日趨浮現。1995年日本政府為刺激經濟景氣，對金融更進一步實施寬鬆政策，實質的貸款利率創歷年來的新低紀錄。但是日本經濟在日圓快速升值與泡沫經濟瓦解的影響下，日本經濟想依靠市場機制的運作調整恢復景氣，是有些困難存在。在1998年的『経済白書』明確指出，持續的通貨緊縮會給經濟帶來幾項現象，(1)物價下跌使企業營業額減少。(2)工資成本等生產要素價格具有僵固性存在，會使企業的收益減少。(3)因物價下跌的因素使實質利率居高不下，阻礙金融寬鬆引發的效果。(4)企業的收益減少使企業對投資更為保守，減少最終需求使國內需求更為減少。

因此，90年代日本經濟受到日圓持續升值、泡沫經濟破滅資產價格下跌、產業空洞化，失業人數增加、通貨緊縮等影響，景氣長期陷入低迷的狀態。又1997年受亞洲金融風暴的影響，經濟連續2年負成長，以實質GDP的成長來看在這10年中有3年是

負成長，有5年維持在2%間，2年低於2%，這是戰後以來經濟成長最低迷的時期。也是日本所說的「失われた10年」消失的10年。

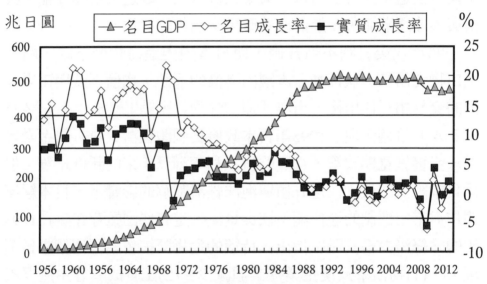

圖3-2　GDP與經濟成長率之趨勢

資料來源：內閣府『国民経済計算年報』。

3-2-7　2000年後的經濟成長

　　日本經濟進入2000年後首先受到世界性的IT泡沫瓦解的影響，景氣呈現衰退的趨勢。之後受惠於美國經濟與亞洲經濟的復甦、日圓的貶值等因素，出口轉趨增加且趨勢逐漸明朗，整體生

產增加，企業收益獲得改善，增加設備投資與人員的雇用，經濟景氣於2002年脫離谷底逐漸復甦，延續到2007年10月達最高峰。2007年年底受美國金融危機影響美國景氣下滑，原油及原物料價格上漲，日本景氣也開始受到影響。2008年因美國雷曼兄弟公司倒閉引發金融風暴，波及世界金融，頓時陷入世界性的不景氣，出口因此受影響大幅減少，景氣即刻反轉下滑，企業部門的收益開始惡化。在景氣衰退的同時，2011年3月日本東北遭受大地震的災害，及9月泰國洪水災害，對日本企業的生產供應鏈產生嚴重的影響，使日本企業收益更趨惡化，景氣更加低迷。

　　2012年日本經濟受惠於大地震災後重建需求增加，國內整體需求因此擴大，以及對泰國出口的增加，實質GDP有反轉向上的趨勢。但是受通貨緊縮的影響名目GDP中消費支出的貢獻度稍微減少。2012年12月安倍晉三再度組閣，提出以(1)寬鬆的貨幣政策、(2)機動的財政政策、(3)喚起民間投資的成長策略等三項為主軸的經濟政策，又稱「安倍經濟學」，期望藉由三項政策導入，使日本經濟脫離通貨緊縮的困境，並預定2年內將日本的物價指數提升2%。2013年導入「安倍經濟」後，以「日經平均股價」來看2012年最終交易日平均值10395日圓，2013年為16291日圓，成長將近56%。在勞動雇用的情況也有所改善，以完全失業率來看2012年4.3%到2013年減少為3.7%，2013年12月企業求才指標「有效求人倍率」1.03倍為2007年9月以來最高。2013年「安倍經濟」的實施後啟動了沉寂多年的日本經濟，2014年日本

經濟是否能持續成長，民間企業的投資意願及民間消費能力提升
與否，將是重要的關鍵。

參考文獻

篠原三代平（1991年），『日本経済のダイナミクス』東洋経済新報
　　社。

内閣府，『経済白書』各年度版（1957年至2000年）。

内閣府，『経済財政白書』各年度版（2001年至2014年）。

附錄

單位：10億日圓

年	國生產毛額	民間消費支出	國內資本形成毛額	政府消費支出	出口	進口
1955	8370	5502	1977	846	921	876
1956	9422	6061	2530	874	1128	1172
1957	10858	6788	3352	944	1277	1504
1958	11538	7277	3078	1022	1269	1108
1959	13190	8151	3780	1117	1481	1337
1960	16010	9395	5260	1282	1714	1641
1961	19337	11031	7130	1484	1791	2100
1962	21943	12653	7507	1747	2066	2031
1963	25113	14772	8477	2070	2266	2471
1964	29541	17028	10213	2352	2800	2852
1965	32866	19239	10477	2690	3451	2991
1966	38170	22142	12377	3054	4031	3434
1967	44731	25405	15815	3410	4311	4211
1968	52975	28974	19477	3934	5348	4757
1969	62229	33300	23379	4558	6558	5567
1970	73345	38333	28616	5455	7926	6985
1971	80701	43230	28852	6421	9452	7254

年	國生產毛額	民間消費支出	國內資本形成毛額	政府消費支出	出口	進口
1972	92394	49901	32822	7537	9779	7645
1973	112498	60308	42824	9336	11291	11261
1974	134244	72912	50091	12240	18258	19257
1975	148327	84763	48612	14890	18982	18919
1976	166573	95784	53037	16417	22582	21247
1977	185622	107076	57262	18243	24308	21267
1978	204404	117923	63174	19753	22729	19174
1979	221547	130078	71984	21486	25627	27629
1980	240176	141324	77434	23568	32887	35036
1981	257963	149997	80332	25585	37977	35927
1982	270601	160834	80921	26796	39391	37341
1983	281767	169687	79067	27996	39275	34258
1984	300543	178631	84262	29449	45066	36866
1985	320419	188760	90198	30685	46307	35532
1986	335457	196712	93059	32387	38090	24791
1987	349760	205956	99813	32975	36210	25195
1988	373973	217840	113532	34183	37483	29065
1989	399998	232890	125250	36275	42352	36768
1990	430040	249289	138897	38807	45920	42872
1991	458299	261891	147451	41356	46722	39121

年	國生產毛額	民間消費支出	國內資本形成毛額	政府消費支出	出口	進口
1992	471021	272294	145014	43262	47341	36891
1993	475381	278703	141053	44771	44197	33343
1994	479260	286154	137341	45743	44410	34387
1995	483220	290524	138157	47419	45393	38272
1996	500310	299341	149868	48423	49700	47022
1997	509645	305907	148168	49555	56332	50316
1998	498499	304766	133341	50676	55324	45607
1999	504903	288877	124870	83127	51366	43336
2000	509860	288167	127999	86308	55459	48073
2001	505543	289788	122867	89655	52823	49589
2002	499147	289038	112105	91306	56168	49471
2003	498855	287514	111740	91343	59228	50971
2004	503725	288599	113357	91909	66544	56684
2005	503903	291133	113209	92468	72122	65028
2006	506687	293433	114920	91966	81939	75572
2007	512975	294122	117387	92793	91037	82363
2008	501209	292055	115162	93019	88770	87798
2009	471139	282942	92651	93820	59814	58088
2010	482384	285867	95625	95129	73183	67419
2011	470623	284784	93919	96203	71288	75572

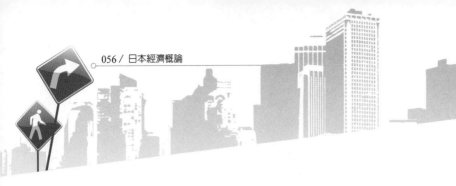

單位：10億日圓

年	實質國內生產毛額	國民生產毛額	受雇人員報酬	營業盈餘	間接稅	補助款	折舊
1955	47075	8399	3498	3446	747	41	948
1956	50603	9447	4033	3840	863	36	1142
1957	54558	10874	4526	4329	987	62	1207
1958	57947	11545	5003	4375	1046	39	1308
1959	63403	13189	5730	5316	1185	46	1518
1960	71683	15998	6670	6846	1413	82	1841
1961	80180	19307	7958	8155	1710	120	2337
1962	87073	21901	9395	8545	1804	129	2663
1963	94724	25055	10997	10167	2043	164	3211
1964	105320	29446	12933	11216	2336	215	4081
1965	111294	32773	14950	11969	2459	255	4530
1966	122700	38073	17177	14566	2786	383	5180
1967	136300	44626	19929	17731	3307	460	6116
1968	152532	52825	23119	20757	3942	512	7226
1969	170765	62066	27439	24850	4639	692	8640
1970	188323	73188	33243	27933	5385	881	10108
1971	196589	80592	38854	27150	5797	930	11389
1972	213129	92401	45651	32233	6789	1053	13290
1973	230249	112520	57342	38534	8382	1533	15974
1974	227428	133997	73667	39100	9463	2021	18348
1975	234459	148170	83765	40378	9846	2111	19261
1976	243779	166417	94225	46313	11567	2315	21365

年	實質國內生產毛額	國民生產毛額	受雇人員報酬	營業盈餘	間接稅	補助款	折舊
1977	254481	185530	104892	50871	13016	2562	23325
1978	267898	204475	112703	58897	14868	2864	25605
1979	282589	221825	122109	59933	16693	3170	28399
1980	290551	240099	132045	71354	17823	3760	33188
1981	322326	258583	142028	70208	19300	3876	36453
1982	331236	271998	150269	69562	20171	4059	38723
1983	336575	283167	157340	73512	21313	4111	41396
1984	347073	301544	166058	76374	22809	3992	43983
1985	364712	324756	173949	85896	23963	3936	47627
1986	375503	339850	180101	86706	25660	3643	50728
1987	389753	354513	187031	92600	28301	3654	54021
1988	416119	381462	198475	103262	31142	3472	58438
1989	438136	411258	213450	105388	32612	4777	65673
1990	460925	442897	231387	114331	34897	3605	70629
1991	476369	471306	248485	119577	36333	3721	77849
1992	481000	484482	255063	109880	36531	3804	83015
1993	482191	488397	260928	104203	36780	4023	85115
1994	487520	493817	265632	104751	37626	4058	87232
1995	496958	500758	270272	99887	38854	4317	89581
1996	514030	515454	274262	98763	40551	4480	95359
1997	523640	527697	279646	96353	42104	4375	96985
1998	517857	521535	274090	91559	43525	4173	98179
1999	518324	513608	269604	90796	43417	4513	97142

年	實質國內生產毛額	國民生產毛額	受雇人員報酬	營業盈餘	間接稅	補助款	折舊
2000	533177	517884	271276	93371	42620	4285	99433
2001	535535	514168	265568	92607	42406	3969	102416
2002	532815	506090	257976	98106	41431	3846	101500
2003	545903	506009	252676	106894	40993	3837	100494
2004	511759	513112	252032	108253	41847	3271	100806
2005	515715	515652	253940	107049	42972	2974	101996
2006	521619	521152	255613	107483	43259	2938	104560
2007	532325	530313	255503	108006	43208	2686	107046
2008	518293	518002	254143	85623	41561	2680	108472
2009	497367	484216	242845	88470	38834	3473	106215
2010	514857	495359	243796	95255	39881	3012	103406
2011	507449	485245	245186	86801	40274	3011	102288
2012	516398	490658					

第

4

章

投資與生產結構

4-1 戰後日本投資結構

4-1-1 投資分類

　　在以前的社會裡，人們為滿足自己生活所需要之食物、衣物、工具等必需品，人們需要從自然環境中去取得材料並花費時間進行加工，讓它成為滿足人們需求的商品，這種活動過程我們可以把它視為生產活動。人們在初期的生產當中多只生產滿足自己所需要的必需品，之後因經驗及生產工具的開發與導入，生產效率提升，生產數量增加，甚至可以供應他人的需求。尤其是在工業革命之後機械動力被導入生產，由一定的人在固定的場所進行生產，並且不斷精進生產效率，之後成為以工廠生產的專業模式，而統籌這些生產活動的組織即是企業。因此，企業為提升生產效率導入生產設備增加生產量，這種營運方式我們可以將它視為投資或資本形成或固定資本形成。

　　由生產設備投資的概念下經濟統計上對投資還可分為：設備投資、住宅投資、公共投資，及存貨投資等項目。設備投資是指建築物、機械設備、運輸機器、事務機器設備等。公共投資是指公部門為提升社會大眾的生活機能所進行的社會資本投資，例如道路、港口、機場、公園、污水處理廠等設施。存貨投資是指生產事業基於生產需要所保留、購買的原料、零件商品等，此外還有部分的存貨是廠商為了調節生產與銷售的時機而做的安排。例如電風扇的製造商，到了夏天才因應市場需求進行生產，勢必是

趕不上市場的需求，因此廠商會在夏季之前事先做生產並保存於
倉庫中作爲因應市場需求的商品。因此存貨數量的增減容易受市
場需求的影響。

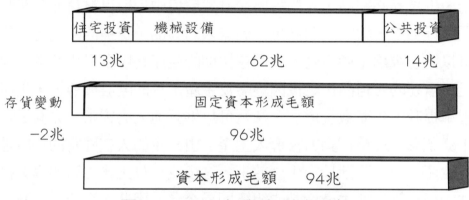

圖4-1　2011年資本形成毛額
資料來源：內閣府『国民経済計算年報』。

　　圖4-1是依據2011年投資的金額所繪製的圖。一般我們所說
的投資是指資本形成毛額，內容包含存貨變動與固定資本形成毛
額等。又固定資本形成毛額項下又包含民間的住宅投資與機械投
資及公共投資等。

4-1-2　各項投資的動向

　　依據前面的說明了解企業爲提升生產效率導入生產設備增加

生產量，而進行投資。期待藉由投資來增加收益。所以當許多企業甚至政府在一定時期都進行投資，這時市場必然創造出大量需求，帶動經濟的發展，在此以圖4-2來觀察各項投資在不同時期的發展變化。

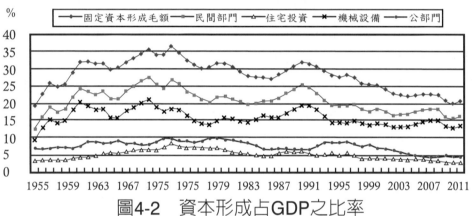

圖4-2　資本形成占GDP之比率

資料來源：內閣府『国民経済計算年報』。

　　觀察戰後日本經濟的投資動向，在固定資本形成的項目上，戰後到1955年間是日本經濟的總需求主要是來自於，國內各產業復興工程之需求及「韓戰」所帶來的特別需求，到1955年固定資本形成投資約占GDP的20%，在1956年版『経済白書』正式宣布日本經濟復甦，超越戰爭前的水準。之後受惠於世界景氣繁榮，投資連續3年擴大占GDP比突破30%，又60年代實施「所得倍增計畫」經濟政策，日本經濟進入高度成長期，1961年版

『経済白書』中提到此時日本經濟的投資正是「投資帶動投資」的好景氣，到1970年投資占GDP比將近36%。

但是1971年之後日本經濟受石油危機及停滯性通貨膨脹的影響，投資數量明顯下滑，固定資本形成占GDP比在1982年跌破30%。又70年代後日圓持續升值，到1985年廣場協議後日圓更是急速升值，使大幅增加出口廠商的成本，出口產業受到嚴重打擊，在1986年投資占GDP比下跌到27%。1987年之後泡沫經逐漸形成，固定資本形成占GDP比自1979年連續下跌以來首度增加，而且持續增加至1991年。1990年泡沫經濟之後投資數量逐年減少，至2010年固定資本投資未達GDP的20%，為1955年以來的新低點。

固定資本形成項下包含民間投資與政府的公部門投資，由圖4-2走勢中我們可以看到，民間投資走勢與公部門投資的走勢在景氣衰退時期有些相左之處，這些現象尤其是在70年代因石油危機與90年代因泡沫經濟破滅造成經濟的不景氣時期，民間與公部門的投資動向有明顯的不同。這主要是因不景氣民間投資減少之際，政府為刺激景氣帶動經濟成長，利用增加公部門的投資進行產業發展的基礎建設，擴大經濟的總體需求。

固定資本形成毛額民間投資與公部門投資仍然以民間投資佔據多數，而民間投資項下包含機械設備與建築物，以民間機械設備投資的動向來看，在60年代日本經濟的高度成長期，民間投資主要就是以企業的機械設備投資來帶動，以1961年至1965年間

企業的機械投資就占民間投資的80%。但是70年代後受世界景氣影響，日本經濟由高度成長期進入安定成長期，民間企業投資逐年減少，1979年來到占GDP比13.7%。之後80年代初期企業投資水準多維持在占GDP比15%左右，直到泡沫經濟期1986年開始民間企業投資又再度增加持續到1991年，當泡沫經濟破滅後企業投資大量減少，甚至到2011年為止企業投資都無法恢復到占GDP比15%的水準。由圖4-2民間機械設備投資動向中可以了解，日本經濟復甦與繁榮時期民間機械設備投資多維持成長的趨勢，因此2013年安倍內閣實施的經濟政策未來是否可以給日本經濟帶來真正的復甦，民間企業投資是否持續擴大是重要的關鍵。

民間住宅投資方面，戰後日本隨經濟發展所得持續增加，對住宅需求開始持續增加，又70年代在政府住屋政策促進下民間住宅投資占GDP比1973年8.3%來到最高，之後就持續減少，到1986年開始因泡沫經濟形成，不動產買賣的資產價迅速上漲，民間住宅投資占GDP比因此再度增加，但是泡沫經濟結束後不動產價格暴跌住宅投資持續減少，到2010年才由谷底稍有回升。

4-2 產業結構

4-2-1 產業分類

　　隨經濟發展各產業的生產力逐漸提升，但不同領域產業的生產力提升速度不盡相同，提升生產力有許多因素，其中機械化是一項很重要因素，生產過程中能迅速導入機械化的產業，生產力提升幅度即可能大過於機械化程度低的產業。在現階段的產業中，製造業是生產過程中機械化程度最高且資本導入最集中的產業，但是在製造業中仍然依業種差異，機械化程度、資本投入量有所不同，因此各業種間，也會存在生產力之差距。之後隨整體經濟的發展下生產規模擴大，各業種的發展也會出現差異。所以各國政府為掌握整體國家產業發展，制定產業政策提升產業生產力，會依產業的性質進行產業分類。

　　依據日本政府總務省統計局平成19年最新修訂的產業標準來看，可分大分類與中分類，大分類有20類，中分類有99類。大分類有A農林業、B漁業、C礦業及土石採取業、D營造業、E製造業、F電力・燃氣供應・自來水事業、G資訊及通訊傳播業、H運輸及倉儲業、I零售批發業、J金融及保險業、K不動產業、學術・L專業技術服務業、M住宿・餐飲業、N休閒服務及娛樂業、O教育服務業、P醫療・保健服務業、Q複合服務事業、R服務業、S公共行政、T其他服務業。

　　此外Colin Grant Clark學者依產業的性質將產業區分為，一

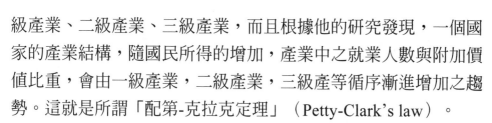

級產業、二級產業、三級產業，而且根據他的研究發現，一個國家的產業結構，隨國民所得的增加，產業中之就業人數與附加價值比重，會由一級產業，二級產業，三級產等循序漸進增加之趨勢。這就是所謂「配第-克拉克定理」（Petty-Clark's law）。

而一級產業的領域是指直接從自然界生產之產品，其業種為農林業、漁業、礦業。二級產業的領域是由原材料加工後製成的產品也可說是工業，業種有製造業、營造業。三級產業的領域是指因工業發展廠商進行商品的大量生產，之後基於商品生產與銷售所需要的販賣、運輸、處理資金流動等服務產業。其業種主要包含電力‧燃氣供應‧自來水事業、資訊及通訊傳播業、運輸及倉儲業、零售批發業、金融及保險業、不動產業、學術‧專業技術服務業、住宿‧餐飲業、休閒服務及娛樂業、教育服務業、醫療‧保健服務業、複合服務事業、服務業等。

以上三級的產業分類中，電力‧燃氣供應‧自來水事業在其他國家多將此分類於二級產業中的工業，但是在日本認為電力‧燃氣供應‧自來水事業是提供公共服務的公益事業，所以將此產業歸列於服務業。因此在統計上日本的二級產業工業的產值會低於其他國家。

4-2-2　產業結構之特徵

日本的產業結構二次大戰後隨經濟發展，各級產業也有顯著

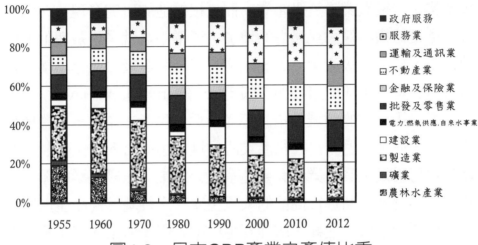

圖4-3　日本GDP產業之產值比重

資料來源：內閣府『国民経済計算年報』。

的變化，圖4-3為各年代GDP產業之產值比重。一級產業在1955
年產值比重達22%，到1960年減少至14.5%，之後日本經濟經
過60年代高度成長期的發展，產值比重大幅降低至1970年的7%
為1960年的一半，70年代後仍然持續減少，到1980年為3.9%，
1990年為2.8%，2000年1.9%，直到2010年後多維持於1.2%左右
的最低水準。

二級產業隨戰後日本重工業的發展，日本企業大量投資，擴
大生產設備，帶動整體製造業的蓬勃發展，產值比重不斷擴大，
由1955年的22.1%開始到1960年高度成長期初期的39.7%，到高
度成長末期1970年為42.7%的最高水準；之後逐漸遞減到2012

年的24.6%。同時日本的製造業在高度成長期，因設備投資的擴大，技術與產品品質大幅提升，擺脫戰前日本產品給人的價格低廉、品質粗糙之印象，讓「made in Japan」產品在國際逐漸打開知名度。甚至到目前日本在鋼鐵、電機、汽車、機械、電子產品、機器人等產業領域上具有引領國際上各國產業發展的技術能力。

三級產業在高度成長期初期1960年產值比重約46%，到高度成長期末1970年發展到50.5%，占GDP產值的一半。之後隨服務業在社會的深化，服務業整體產值不斷增加，1990年產值擴大到GDP的61%，2000年以後更是持續增加到2012年已經高達GDP的74.3%。日本經濟在進入70年代開始服務業產值超越工業及農林礦業之產值，顯示這時期日本經濟的主體由生產製造商品時代進入以服務業為主體的商品銷售時代。

日本經濟經過60年代的高度成長期的發展後，相較50年代國民所得水準大幅提升，在60年代開始銷售販賣的零售業首先進行新的革新，在都會區域城市裡新型的大型超級市場興起，70年代便利超級商店如雨後春筍般的出現。這些新型商店都以連鎖商店型態進行店鋪擴展，到90年代已經普及日本全國。在連鎖商店普及且相互競爭下，各家連鎖店全力做貨物流通過程合理化提升競爭力，這也使傳統商店街裡的個人商店因此陷入倒閉危機甚至倒閉。

日本的產業結構自50年代隨工業發展，一級產業逐漸衰

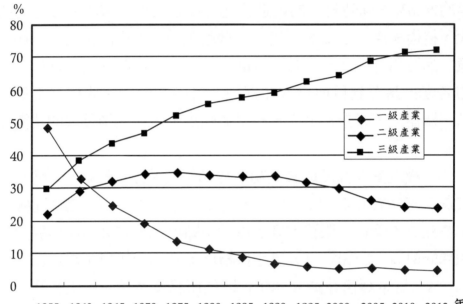

圖4-4　各級產業就業人數比重

資料來源：總務省統計局。

退，二級產業產值擴大，到高度經濟成長期末期後三級產業成為
主要產業。在產業的變遷過程中，各級產業就業人數在不同時期
也有所變化，圖4-4為戰後日本各級產業就業人數比重之趨勢。
1950年一級產業就業人數占就業總數48.5%將近半數，之後隨工
業之發展一級產就業人數快速減少，尤其是1960年以後日本經濟
進入高度經濟成長期，就業人數持續減少。但是，在一級產業就
業人數減少期間，二級產業與三級產業的就業人數增加，這顯示

在經濟快速成長期間生產力相對較低的一級產業的勞動人力被其他產業所吸收。1970年後高度成長期結束，二級產業就業比重趨於穩定，勞動人力逐漸被三級產業所吸收。因此從1970年以後日本的勞動人力大量被三級產業所吸納，使日本的就業市場朝向以服務業為主的方向發展，到2012年三級產業就業人數比重高達71.5%。

70年代之後日本產業趨向服務業發展；以消費者立場來看，一般消費者在接受服務的過程中，是無法支付過高的費用，因此服務業者了降低人事費用，在70年代服務業發展時期，服務業開始雇用兼職的學生與家庭主婦，這種兼職的勞動雇用方式，之後逐漸發展成為現在各企業普遍採用的以契約制方式雇用工作人員從事公司業務及工廠生產製作，這也就是一般所說的非典型雇用模式。

附錄

單位：10億日圓

年	國內資本形成毛額	固定資本形成	民間部門			公部門			存貨增減	民間企業	公營企業
				住宅及建築	廠房及設備		住宅及建築	廠房及設備	一般政府		
1955	1977	1626	1052	263	789	574	21	221	332	352	236	115
1956	2530	2150	1518	317	1202	632	30	255	346	380	319	61
1957	3352	2798	2043	371	1672	755	35	323	396	555	570	(15)
1958	3078	2868	2026	405	1621	842	46	362	434	210	176	34
1959	3780	3376	2432	462	1970	944	46	401	498	404	368	35
1960	5260	4638	3528	622	2906	1110	43	446	621	623	571	51
1961	7130	6167	4705	794	3911	1462	55	642	764	963	969	(6)
1962	7507	7065	5141	938	4203	1924	82	822	1019	443	445	(2)
1963	8477	7929	5700	1147	4553	2229	92	994	1142	548	574	(27)
1964	10213	9362	6907	1498	5409	2455	109	1018	1328	851	840	11
1965	10477	9782	6999	1848	5151	2783	135	1187	1461	695	588	107
1966	12377	11562	8122	2083	6039	3440	164	1484	1792	815	623	192
1967	15815	14287	10583	2635	7948	3705	168	1623	1914	1528	1192	336
1968	19477	17567	13193	3266	9927	4375	220	1875	2280	1910	1600	310

年	國內資本形成毛額	固定資本形成	民間部門	住宅及建築	廠房及設備	公部門	住宅及建築	廠房及設備	一般政府	存貨增減	民間企業	公營企業
1969	23379	21441	16536	3967	12569	4905	262	1976	2667	1938	1771	167
1970	28616	26043	20153	4746	15406	5891	355	2259	3276	2573	2634	(61)
1971	28852	27637	20438	5079	15359	7200	445	2693	4061	1215	1574	(360)
1972	32822	31524	22650	6450	16201	8873	474	3347	5053	1299	1495	(197)
1973	42824	40938	30108	9294	20814	10830	487	3974	6370	1885	2046	(161)
1974	50091	46695	34614	9954	24660	12081	724	4354	7003	3396	3275	121
1975	48612	48136	34718	10428	24291	13418	825	4752	7841	476	239	237
1976	52307	51945	37388	12164	25224	14557	808	5158	8591	1092	833	259
1977	57262	55982	39144	12883	26261	16838	853	5711	10274	1280	888	392
1978	63174	62147	42048	13945	28103	20099	1016	6562	12522	1027	580	447
1979	71894	70171	48166	15228	32938	22005	916	7065	14025	1813	1644	169
1980	77434	75821	52933	15317	37616	22888	889	7314	14685	1613	1913	(300)
1981	80332	78908	54629	14885	39745	24279	888	7744	15647	1424	1649	(225)
1982	80921	79735	55613	15041	40573	24121	878	7564	15678	1187	1542	(355)
1983	79067	78881	55301	14138	41163	23580	912	7193	15475	187	532	(345)
1984	84262	83251	60146	14098	46048	23105	885	7057	15164	1011	865	146
1985	90198	88040	66391	14633	51758	21648	813	5668	15168	2159	1810	349
1986	93059	91499	69229	15703	53525	22271	865	5358	16048	1560	1122	438

年	國內資本形成毛額	固定資本形成	民間部門	住宅及建築	廠房及設備	公部門	住宅及建築	廠房及設備	一般政府	存貨增減	民間企業	公營企業
1987	99813	99152	75422	19513	55909	23730	788	5405	17536	661	673	(12)
1988	113532	110856	85810	22126	63684	25047	801	5386	18860	2676	3053	(377)
1989	125250	122274	96392	23083	73309	25882	829	5245	19808	2976	3244	(268)
1990	138897	136467	108297	25218	83079	28170	929	5627	21614	2430	2345	85
1991	147451	143998	113541	23827	89714	30458	1023	6205	23229	3453	3646	(193)
1992	145014	143525	108183	22803	85380	35342	1236	7632	26474	1489	1546	(57)
1993	141053	140433	99738	23765	75973	40695	1408	8510	30777	620	805	(185)
1994	137341	137291	95960	25747	70213	41331	1406	8590	31335	50	(154)	204
1995	138157	137611	96269	24126	72143	41243	1509	8959	30875	546	434	112
1996	149868	147425	103679	27496	76183	43746	1572	9061	33113	2443	2249	194
1997	148168	145609	106063	23701	82361	39546	1570	8845	29131	2559	2422	137
1998	133341	133593	95550	20065	75485	38043	1393	7956	28695	(253)	(172)	(81)
1999	124870	128680	88841	20166	68675	39839	1282	9174	29383	(3810)	(3691)	(120)
2000	127999	128515	92495	20305	72190	36021	1104	9005	25912	(517)	(533)	16
2001	122867	122836	88914	19054	69860	33922	1028	7723	25171	31	134	(104)
2002	112105	114212	82610	18148	64462	31601	940	7220	23442	(2106)	(2023)	(84)
2003	111740	112224	83538	17909	65629	28686	822	6704	21160	(484)	(369)	(115)
2004	113357	111787	85116	18346	66770	26671	769	6314	19588	1571	1628	(57)

年	國內資本形成毛額	固定資本形成	民間部門	住宅及建築	廠房及設備	公部門	住宅及建築	廠房及設備	一般政府	存貨增減	民間企業	公營企業
2005	113209	112574	88347	18278	70069	24227	677	5598	17952	635	590	45
2006	114920	114896	91549	18695	72854	23347	617	5819	16911	24	8	15
2007	117387	115781	93481	17207	76274	22300	564	5705	16032	1606	1594	12
2008	115162	112462	91085	16473	74612	21378	521	5763	15094	2700	2615	85
2009	92651	97991	75760	13374	62386	22230	566	9572	15993	(5340)	(5306)	(34)
2010	95625	96431	74203	12704	61499	22228	518	5826	15885	(806)	(752)	(54)
2011	93919	96872	76178	13485	62693	20694	483	5393	14818	(2953)	(2997)	44

單位：10億日圓

年	一級產業	二級產業	三級產業
1970	5108	32053	38599
1971	4908	34957	43500
1972	5713	39681	50765
1973	7497	49422	61177
1974	8453	56856	74755
1975	8917	59123	86158
1976	9713	66276	97522
1977	10360	71406	110405
1978	10545	79096	121952
1979	10863	85807	133456
1980	10210	92738	146102
1981	10352	99486	156636
1982	10426	103234	167274
1983	10588	105021	177893
1984	10965	113238	188700
1985	11172	120054	202452
1986	11009	122964	214070
1987	10828	129056	225546
1988	10938	140104	239585
1989	11354	151701	257678

年	一級產業	二級產業	三級產業
1990	12042	164646	275249
1991	11989	175655	293447
1992	11773	176452	305473
1993	10874	172542	311739
1994	10544	151420	328894
1995	9487	149901	335954
1996	9761	152427	344055
1997	9193	154658	353594
1998	9420	147455	352132
1999	9072	143469	351662
2000	8666	143868	355446
2001	7859	133493	359036
2002	7769	128269	359169
2003	7370	128250	358900
2004	7016	129699	362536
2005	6507	128717	365384
2006	6355	129815	367121
2007	6247	132950	370363
2008	6052	126758	363895
2009	5723	110300	351313

年	一級產業	二級產業	三級產業
2010	5957	120531	352287
2011	5729	113745	349490
2012	6036	112290	353027

第 **5** 章

勞動結構

5-1 勞動力之定義

有關勞動力之定義依日本總務省統計局勞動力調查❶對象來觀察，是以15歲以上之人口作爲統計調查對象，統計局就15歲以上人口中各年齡層，當中有工作意願且有工作能力者，即使是65歲以上高齡者皆視爲勞動人口。但是在這勞動力人口中有些是沒有從事勞動的族群，例如家庭主婦、在學學生、沒有工作意願者等，這些族群被視爲非勞動力人口。

勞動人口中依勞動者目前就業狀況，在勞動力的認定上也有所不同。根據日本總務省的分類，勞動人口可分「就業者」與「完全失業者」。「就業者」中又分從業者與休業者，從業者爲目前實際從事勞動的人員；休業者爲基於某些因素目前沒有從事勞動的人。完全失業者則是目前完全沒有從事勞動工作的人。在日本以完全失業人數占勞動人數比例的百分比率也就失業率來表示目前勞動市場的就業情況。圖5-1是依據日本勞動力定義繪製的說明圖❷。

以失業之認定來看，各國對失業認定之標準有所不同，在日本對失業的認定標準是以調查的期間內（以當月份的最後1週作爲調查時間），只要有從事具有取得工資之工作，即使是取得1小時的工資者，皆認定爲就業者。相反地，在受調查期間工作未滿或無工作就認定爲失業者。前面提到失業率是表示勞動市場

❶ 総務庁統計局『労働調査年報』。

❷ 金子貞吉・武田勝『導入日本経済』53頁。

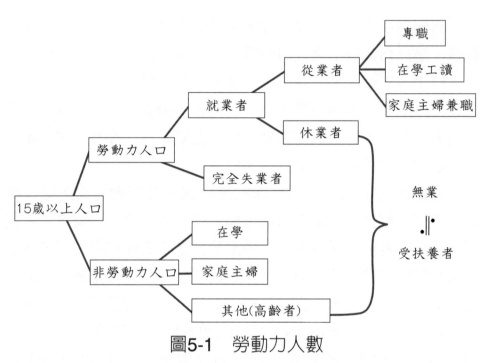

圖5-1　勞動力人數

就業狀況的指標，但是在勞動市場當中的兼職人員因家庭因素或因生病暫時沒有從事勞動的從業人員增加時，整體勞動人數會減少，這時計算失業率的分母會變小，對失業的百分率會產生影響，因此觀察市場就業情況，除了失業率之外，完全失業人數也是一項重要指標。

5-2 勞動人口的隱憂問題

5-2-1 勞動人口

表5-1 2013年人口結構

單位：萬人

	15~24歲	25~34歲	35~44歲	45~54歲	55~64歲	65歲以上	15歲以上人口	少年人口	總人口
年齡別人口(A)	1227	1457	1875	1607	1754	3168	11088	1638	12726
女性(B)	598	716	926	801	889	1808	5738		
勞動力人口(C)	523	1234	1575	1377	1218	650	6577		
男性(D)	264	702	915	772	722	400	3775		
女性(E)	259	532	661	605	496	250	2803		
勞動力人口比率(C/A)	42.6%	84.7%	84.0%	85.7%	69.4%	20.5%	59.3%		
男子(D/A-B)	42.0%	94.7%	96.4%	95.8%	83.5%	29.4%	70.6%		
女子(E/B)	43.3%	74.3%	71.4%	75.5%	55.8%	13.8%	48.8%		
就業者(F)	487	1169	1516	1332	1172	636	6312		
女性(G)	244	507	635	587	482	247	2702		
就業者人口比率(F/A)	39.7%	80.2%	80.9%	82.9%	66.8%	20.1%	56.9%		
就業者人口女子構成比(G/F)	50.1%	43.4%	41.9%	44.1%	41.1%	38.8%	42.8%		
完全失業者(H)	36	65	59	45	45	15	265		
完全失業率(H/C)	6.9%	5.3%	3.7%	3.3%	3.7%	2.3%	4.0%		

資料來源：総務省統計局。

　　表5-1是表示2013年日本各階段人口分布情況，2013年日本全國總人口約有1億2726萬人，其中15歲以上人口約有1億1088萬人，15歲以下的少年人數約有1638萬人，65歲以上人口有3168萬人，約占總人口的25%，15～64歲人口占全體人口的62%。

　　但是扣除15～64歲的非勞動人口，以實際從事勞動人口占15歲以上人口數的勞動比率來看，日本勞動力人口比率約53.4%，如果將高齡勞動者也併入計算，勞動比例可以提高至59.3%。以就業者人數來看15～64歲的就業比率約爲51.2%，如果增加高齡就業者比率，可以提高至56.9%。更進一步以男性與女性的勞動力人口比率來看，男性在25～54歲3階段中比率高達95%以上；反觀女性在這3階段中的比率偏低，多在70%～75%之間。

　　由表5-1的資料中可以了解，日本社會女性的勞動力人口比率在25～54歲之間偏低。這段期間以家庭的結構來看恰好是日本女性結婚後進入家庭的階段，因爲在日本社會一般男性工作時間，除了正常上班時間外經常要加班，所以男性的工作時間很長，家庭事務多由女性負責，因此這段時間女性投入勞動市場就業人數相較於男性偏低。

5-2-2　高齡化與勞動力

　　有關高齡化之定義，一般是指65歲以上人口占總人口數（高齡人口比率）超過7%時，就會將該國視爲高齡化國家。根據日本總務省統計局的資料顯示，日本在1970年65歲以上人口首次突破總人口數的7.1%，之後逐年增加，1985年增加至10.3%，到2013年因人口結構進入戰後「團塊世代」（1947～

1949年）出生潮出生的人邁入65歲，使高齡人口比率達到24.99%。

依據人口研究所在2002年的人口試算中推估，到2025年高齡人口比率會高達28.7%將近總人口數的30%，也就是每三人中有一人是高齡者。

在勞動力變化的觀察上一般以勞動力人口比率（15歲以上人口占勞動人口的百分率）作為指標，日本的勞動力人口比率從1970年後逐年減少；但多維持於60%以上，2009年首次跌破60%，到2013年為59.3%。如果進一步以性別與年齡層來看，男性的比率由1973年的82.1%逐年減少到2013年為70.5%，以年齡層來看在1990年泡沫經濟後20～34歲比率有較多的減少，60～64歲年齡層勞動人口比率自2007年後有增加趨勢。

在女性的勞動人口比率上，同樣以1973年48.2%及2013年48.9%來看女性是增加，進一步以年齡層觀察，25～34歲的年齡層在70年代比率多不及50%，到2013年增加至70%以上。

根據圖5-1內容來看15歲以上人口可分成勞動人口與非勞動人口。非勞動人口中以在學之學生、家庭主婦、高齡者為主體，一般又會將非勞動人口視為被扶養人口。其中被扶養人口中又包含失業者及停職人員，因此我們可以假設總人口是包含就業者與被扶養者兩大族群。

如果以2013年來看15歲以下被扶養者為1638萬人（占總人口數之13%），15歲以上被服扶養者為5350萬人（占總人口數之

42%），兩者加總後被扶養人6988萬人占人口總數之55%。如果以就業人口當分母與被扶養人口相比約1.2來看，將來那將來65歲以上人口增加被扶養人口勢必增加對扶養比率將更大，對就業族群造成更大負擔。

但是隨高齡人口增加對被扶養人口未必會快速增加，事實上以現今日本社會的人口結構來看是「少子高齡」的構造，因此高齡者增加的同時，年少的被扶養人數也減少。此外近年來65～70歲的就業人數也逐漸增加，及婦女投入就業市場的人數也增加。因此年少人口減少與高齡者、婦女的就業，都會減少被扶養人數；同時因高齡者與婦女的就業則增加就業人數。所以政府改善就業環境，讓家庭主婦及高齡者也能順利投入就業市場工作是非常重要的課題。

5-2-3　失業率之變化

經濟學上將失業分為：摩擦性失業、結構性失業、循環性失業[3]三種類型。一、磨擦性失業：係指職業的轉換過程中產生的暫時性失業現象。二、結構性失業：係指經濟發展上產業結構發生重大改變產生的失業現象。三、循環性失業：係指因經濟景氣循環所產生的失業現象。由於摩擦性失業與結構性失業是勞動市

---

[3]　參考自毛慶生等著『經濟學』355頁。

場與經濟發展中不可避免而且會自然產生的現象，經濟學家將兩種失業人數之總和占勞動人數的百分比稱為自然失業率。

根據圖5-2之內容顯示戰後日本經濟發展過程中從1968年高度成長期到1980年，多處於低失業率且都唯持在2%內，在泡沫經濟後1995年突破3%，之後逐年增加，2003年來到最高點5.3%，2009年受景氣變化影響再度攀升至5.1%；近年雖然有所改善但仍然停留於4%的水準。

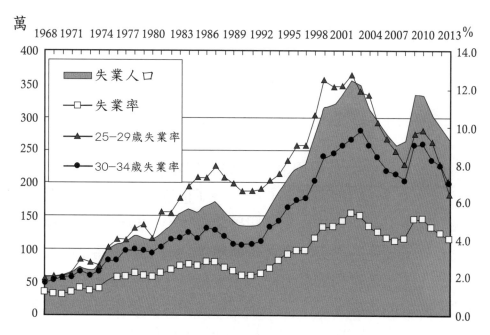

圖5-2　失業率與失業人口趨勢

資料來源：總務省統計局『勞働調查年報』。

　　失業率在泡沫經濟後逐漸升高，失業人口在1995年突破200
萬人增加至210萬人，之後仍持續增加到2002年爲359萬人，創
戰後以來最多的人數。近年來失業率及失業人數多有改善，但是
在泡沫經濟後失業率升高過程中，出現年輕族群失業率偏高及
失業人口的增加現象，以25～29歲失業率來看2003年是11.9%，
30～34歲失業率爲9.8%。以過去日本經濟發展的經驗25～34歲
的年輕族群應該是大學畢業後大量投入職場工作的階段。目前的
這種現象發生，除了受長期經濟景氣低迷企業精簡人事影響外，
在泡沫經濟後企業爲降低生產成本，部分生產採用非典型雇用方
式聘雇勞工，也是造成年輕族群失業率偏高的因素之一。

5-2-4　日本勞動雇用方式的變革

　　日本企業的勞動雇用制度主要有三項特色，一、「終身雇
用」、二、「年功序列賃金」、三、「企業別勞動組合」。一、
「終身雇用」係指企業雇用應屆畢業學生進行教育訓練，使其成
爲具有專業技能的員工，之後長期雇用到員工退休爲止的雇用制
度。二、「年功序列賃金」係指企業以員工的學歷、工作年數作
爲薪資計算的依據。三、「企業別勞動組合」係指以企業爲單位
組成之工會[4]。戰後日本多數大型企業多採用以上的勞動雇用制

---

[4]　參考自『経済辞書』117,331,569頁。

度，但小型企業及零星企業就沒有導入以上的雇用制度。

戰後日本企業採用「終身雇用制度」，讓企業員工可以安心工作到退休。採用「年功序列賃金」可以依員工的工作年資，定期做員工薪資晉級調整。尤其是在經濟高度成長期，因通貨膨脹所造成的實質所得的減少，經由名目薪資的定期調整，能確保員工的實質所得。同時在經濟發展階段，企業要進行組織規模擴大，都能從企業內部培育人才，確保企業發展所需要之人才。此外，日本的工會在每年春季會與資方進行本薪部分調整的協議，這部分薪資調整內容多以通貨膨脹的比率作爲薪資調整的依據，這個協議又稱「春鬥」。

日本企業採用的勞動雇用方式，企業每年採用應屆畢業生，進行企業內部的各項專業職能培訓，企業員工於培訓過程中建立對企業歸屬感，並竭盡全力爲企業效力，使日本企業於戰後逐漸發展與擴大規模。

但是以此制度所進行之勞動雇用方式，對中途離職轉換工作的離職者是不利的。所以離職者需要再度就業時，往往只能到比先前的企業規模更小的企業上班，整體的薪資及福利條件也比先前的企業差。因此，日本的勞動雇用制度是不利於人才的移動。

1970年日本經濟進入安定成長期，到1970年代後期經濟成長停滯，日本的大企業爲提升國際競爭力，進行合理化政策，將勞動力做適度的流動性調整，這使得企業對長期使用的終身雇用制度進行修正。尤其是1980年代在自由競爭、民營化的浪潮

下，及大企業工會在「春鬥」的敗退，工會勢力呈現衰退，在這同時產業結構又發生變化，因此要求具有彈性的雇用形態的聲音不斷高漲。之後在1985年正式導入「勞動者派遣法」。

1980年之後經濟發展停滯，以工作績效做薪資分配依據的成果主義，逐漸成為大家訴求的薪資計算方式。反而「終身雇用」、「年功序列賃金」的薪資計算大家認為是假平等的薪資方式。因為企業中年資短的年輕人，薪資微薄調整緩慢，反觀年資高的人員薪資調幅高，造成薪資總額差距大，這令年資淺的年輕族群不滿。於是逐漸改變勞方對雇用制度的意識型態，以往僵化的勞動雇用其流動性也因此提高，而且依年資定期調薪晉級制度也獲得改善。

5-2-5　非典型就業之擴大

在1985年「勞動者派遣法」通過後，以打工方式及時薪計算方式的非典型就業人數年年增加，根據圖5-3的內容來說，在1985非典型就業占就業人數的16.4%，1990年增加至20.2%，2003年突破30.3%非典型就業人數達1483萬人，到2013年達到最高36.3%總人數1870萬人，也就是就業人數中有每3人中有1人是非典型就業者。而且這些非典型就業者中多數為年輕族群，以2013年來看，15～24歲的就業人數中非典型就業者占50.3%，25～34歲的就業者中非典型就業者占27.2%，這顯示年輕階層者

半數人的工作是缺乏安定性，雖然隨年齡層的提升非典型就業人
數減少；但是社會上多數年輕人，工作、收入呈現不穩定，逐
漸擴大所得的差距，甚至降低了年輕人對工作的熱忱。表5-2為
2013年依企業規模別，所調查的典型就業者與非典型就業者的平
均所得，根據資料顯示典型就業者與非典型就業者間薪資存在差
距，而且企業規模越大，薪資差距有擴大的現象。

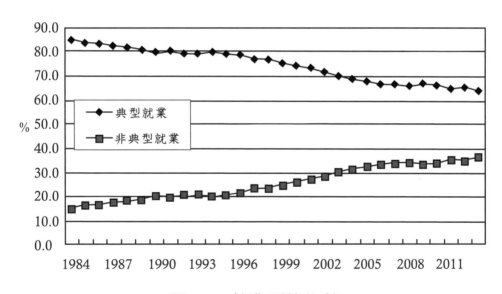

圖5-3 就業型態趨勢

資料來源：總務省統計局。

表5-2　企業規模別就業型態薪資比

單位：千日圓

企業規模＼就業型態	個人企業	資本額未達1000萬圓以上企業	資本額2000萬圓以上企業	資本額1億圓以上企業	資本額10億圓以上企業
典型就業者	3252	3587	4393	5211	6532
非典型就業者	1294	1554	1733	1919	1788

資料來源：国税庁『民間給与実態統計調査』。

5-3　所得差距與所得重分配

　　日本的就業型態在1985年「勞動者派遣法」通過後，許多企業爲減少人事費用，普遍增加非典型就業者的採用，影響整體勞動薪資的上漲。在非典型就業人數的增加下，導致整體的所得差距逐漸擴大，圖5-4表示300萬元以下薪資所得人數，在1995年人數一度下降，但是之後人數與比例持續增加上揚，在2012年人數達到1896萬人，比例約占全體薪資所得人數之42%，爲統計以來之最高紀錄。

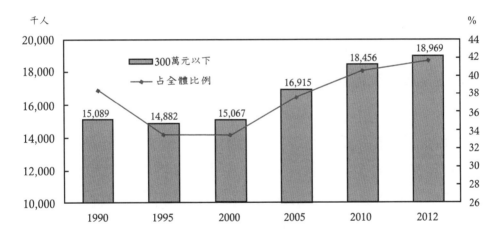

圖5-4　300萬元以下薪資所得人數

資料來源：国税庁『民間給与調查』。

　　此外經濟學上經常以吉尼係數表示所得分配不均等的程度。依定義吉尼係數必定介於0（絕對均等）與1（絕對不均）之

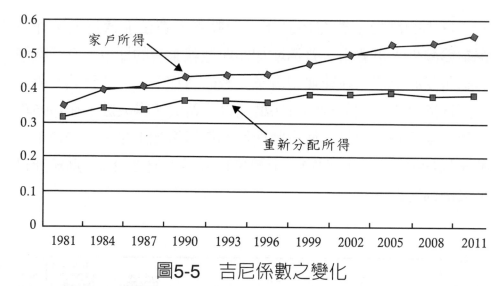

圖5-5 吉尼係數之變化

資料來源：厚生勞働省『所得再分配調查結果』。

間。因為係數愈大表示所得分配愈不均[5]。圖5-5是日本從1981年
到2011年30年間吉尼係數之變化，使用資料[6]中的家戶所得，是
指家戶單位的薪資所得、財產所得、保險給付等各項收入之綜合
所得，重分配所得是指扣除稅金、各項社會保險費用後的所得總
額。日本家戶所得之吉尼係數在2002年達到0.5，之後仍然持續
惡化，到2011年增加到0.55，這顯示在2002年之後日本社會貧富

[5] 張清溪『經濟學理論與實際』下冊68頁。
[6] 厚生勞働省『所得再分配調查結果』每3年一次的調查。

差距的現象逐漸擴大。儘管日本經濟在2002年之後持續一段時期的景氣復甦，但一般勞動者的薪資並沒有因景氣的恢復而獲得改善。反而是企業在泡沫經濟瓦解時背負的大量債務，隨景氣的復甦逐漸減少後，企業收益又獲得改善。

　　因此在這過程中，政府僅能利用租稅方式及社會保險進行所得差距的調整，並透過年金給付方式對社會上的高齡低收入者進行補助，及提供低收入者的醫療補助等方式，做所得的重新分配，降低貧富差距。所以圖5-5中重分配所得曲線的係數多維持於0.3至0.4之間。

參考文獻

毛慶生、朱敬一、林全、許松根、陳昭南、陳添枝、黃昭熙合著
　　（2007年）『經濟學』華泰書局。
張清溪、許嘉棟、劉鶯釧、吳聰敏合著（2000年）『經濟學—理論與
　　實際』翰蘆圖書出版有限公司總經銷。
金子貞吉・武田勝（2008年）『導入日本經濟』学文社。
厚生勞働省『所得再分配調查結果』。
総務庁統計局『労働調查年報』。
総務庁統計局『労働調查年報』。
国税庁『民間給与実態統計調查』。
厚生勞働省『所得再分配調查結果』。

附錄

單位：萬人

年	勞動人口			就業人口			雇用人口			完全失業人口		
	男女合計	男	女	男女合計	男	女	男女合計	男	女	男女合計	男	女
1953	4017	2383	1633	3949	2343	1619	1683	1205	478	65	38	26
1954	4079	2411	1668	3973	2344	1588	1716	1220	496	109	68	41
1955	4268	2492	1775	4164	2429	1747	1847	1286	561	104	64	40
1956	4314	2540	1774	4214	2480	1741	1976	1386	591	100	60	40
1957	4403	2580	1823	4322	2531	1795	2110	1460	651	79	48	31
1958	4428	2611	1817	4336	2560	1776	2206	1515	691	92	50	42
1959	4399	2617	1782	4311	2561	1749	2261	1581	680	88	56	32
1960	4551	2691	1860	4483	2650	1833	2424	1656	768	67	40	27
1961	4605	2734	1872	4544	2703	1841	2546	1727	820	62	30	32
1962	4645	2774	1871	4584	2739	1846	2627	1788	839	60	35	25
1963	4693	2817	1876	4635	2782	1853	2721	1854	867	59	35	24
1964	4723	2855	1867	4669	2826	1842	2776	1913	863	54	29	25
1965	4833	2912	1920	4769	2877	1892	2945	2001	944	64	36	28
1966	4915	2952	1963	4854	2916	1939	3034	2042	992	61	36	24
1967	5028	3023	2006	4965	2985	1981	3116	2090	1026	64	38	26
1968	5082	3074	2008	5027	3040	1987	3157	2134	1023	55	34	21
1969	5121	3116	2004	5065	3083	1982	3234	2170	1063	55	33	22
1970	5173	3151	2022	5111	3112	1999	3408	2271	1138	61	39	22
1971	5195	3210	1985	5124	3161	1962	3440	2326	1113	72	49	23
1972	5300	3243	2057	5227	3197	2030	3529	2357	1172	73	46	26
1973	5300	3284	2018	5238	3243	1995	3617	2447	1171	60	40	22

年	勞動人口			就業人口			雇用人口			完全失業人口		
	男女合計	男	女	男女合計	男	女	男女合計	男	女	男女合計	男	女
1974	5296	3314	1982	5206	3267	1946	3618	2463	1153	91	56	35
1975	5373	3385	1987	5260	3306	1954	3702	2522	1181	114	80	34
1976	5408	3374	2034	5310	3309	2001	3738	2521	1218	98	65	33
1977	5498	3393	2106	5380	3317	2064	3792	2512	1280	117	76	42
1978	5563	3414	2150	5441	3335	2107	3825	2528	1297	122	79	43
1979	5612	3454	2158	5499	3384	2115	3905	2592	1312	113	71	42
1980	5675	3487	2188	5550	3408	2141	4013	2641	1372	125	78	47
1981	5737	3488	2250	5609	3408	2201	4056	2644	1413	127	79	48
1982	5868	3551	2306	5712	3463	2249	4153	2698	1455	146	89	57
1983	5891	3568	2322	5736	3476	2260	4238	2745	1492	155	93	63
1984	5953	3591	2362	5797	3498	2300	4299	2761	1537	154	93	61
1985	5958	3605	2353	5791	3505	2286	4330	2770	1560	167	100	67
1986	6039	3634	2405	5865	3531	2334	4377	2791	1587	175	104	71
1987	6139	3668	2472	5977	3570	2407	4490	2836	1654	164	98	65
1988	6206	3711	2494	6059	3627	2430	4607	2901	1705	147	84	63
1989	6325	3768	2557	6190	3690	2501	4739	2964	1776	134	78	56
1990	6423	3818	2606	6293	3742	2552	4909	3038	1871	130	76	54
1991	6556	3873	2683	6417	3793	2624	5062	3110	1953	137	80	58
1992	6616	3919	2696	6460	3832	2628	5164	3170	1994	155	86	68
1993	6659	3952	2707	6472	3846	2626	5225	3197	2028	187	106	82
1994	6644	3957	2687	6453	3844	2610	5241	3208	2033	190	112	77
1995	6674	3971	2703	6446	3834	2611	5288	3220	2068	228	136	92
1996	6731	4011	2720	6502	3876	2626	5355	3255	2099	227	134	93
1997	6731	4011	2720	6502	3876	2626	5355	3255	2099	227	134	93
1998	6779	4026	2752	6479	3845	2635	5353	3239	2115	300	183	118

年	勞動人口			就業人口			雇用人口			完全失業人口		
	男女合計	男	女	男女合計	男	女	男女合計	男	女	男女合計	男	女
1999	6770	4023	2747	6456	3828	2627	5316	3207	2108	315	195	119
2000	6787	4020	2766	6462	3822	2640	5388	3223	2165	325	198	126
2001	6745	3981	2765	6382	3754	2627	5341	3173	2168	366	227	139
2002	6669	3933	2737	6312	3715	2597	5330	3162	2168	360	219	141
2003	6659	3922	2737	6333	3723	2610	5373	3168	2205	327	200	127
2004	6632	3907	2725	6336	3725	2610	5357	3159	2199	296	182	114
2005	6640	3902	2738	6350	3726	2624	5420	3182	2239	291	175	115
2006	6667	3902	2764	6400	3739	2661	5484	3197	2287	266	163	103
2007	6702	3909	2794	6450	3759	2693	5553	3234	2319	251	149	102
2008	6681	3900	2781	6391	3725	2666	5551	3214	2336	292	176	117
2009	6626	3850	2776	6290	3648	2642	5488	3163	2326	341	203	139
2010	6626	3844	2783	6307	3644	2663	5515	3159	2357	321	200	122
2011	6594	3824	2769	6297	3637	2658	5529	3167	2361	297	187	111
2012	6538	3766	2770	6257	3595	2660	5490	3128	2361	280	171	109
2013	6597	3758	2837	6349	3610	2736	5583	3149	2433	244	145	100
2014	6603	3763	2841	6359	3617	2742	5595	3161	2435	244	144	99

年	非勞動人口 (單位：萬人)			完全失業率 (單位：%)		
	男女合計	男	女	男女合計	男	女
1953	1730	389	1341	1.6	1.6	1.6
1954	1772	409	1363	2.7	2.8	2.5
1955	1711	390	1321	2.4	2.6	2.3
1956	1791	408	1384	2.3	2.4	2.3
1957	1821	425	1397	1.8	1.9	1.7
1958	1920	455	1465	2.1	1.9	2.3
1959	2058	502	1556	2.0	2.1	1.8
1960	1998	474	1524	1.5	1.5	1.5
1961	2057	488	1570	1.4	1.1	1.7
1962	2188	533	1657	1.3	1.3	1.4
1963	2321	581	1742	1.3	1.3	1.3
1964	2472	632	1842	1.1	1.0	1.4
1965	2516	650	1868	1.3	1.2	1.6
1966	2568	674	1894	1.2	1.2	1.3
1967	2587	668	1919	1.3	1.3	1.3
1968	2635	670	1966	1.1	1.1	1.0
1969	2700	679	2021	1.1	1.1	1.1
1970	2741	686	2054	1.2	1.2	1.1
1971	2812	679	2134	1.4	1.5	1.2

年	非勞動人口 (單位：萬人)			完全失業率 (單位：%)		
	男女合計	男	女	男女合計	男	女
1972	2866	713	2153	1.4	1.4	1.3
1973	2962	725	2238	1.1	1.2	1.1
1974	3057	743	2314	1.7	1.7	1.8
1975	3096	732	2364	2.1	2.4	1.7
1976	3151	788	2364	1.8	1.9	1.6
1977	3152	813	2340	2.1	2.2	2.0
1978	3180	832	2349	2.2	2.3	2.0
1979	3233	842	2391	2.0	2.1	1.9
1980	3272	859	2413	2.2	2.3	2.1
1981	3278	892	2385	2.2	2.3	2.1
1982	3277	885	2392	2.5	2.5	2.5
1983	3354	922	2431	2.6	2.6	2.7
1984	3400	952	2448	2.6	2.6	2.6
1985	3513	997	2515	2.8	2.8	2.8
1986	3547	1025	2523	2.9	2.9	3.0
1987	3591	1060	2531	2.7	2.7	2.6
1988	3651	1083	2568	2.4	2.3	2.5
1989	3661	1089	2572	2.1	2.1	2.2
1990	3668	1093	2575	2.0	2.0	2.1

年	非勞動人口 (單位：萬人)			完全失業率 (單位：%)		
	男女合計	男	女	男女合計	男	女
1991	3639	1087	2552	2.1	2.1	2.2
1992	3687	1092	2595	2.3	2.2	2.5
1993	3744	1106	2638	2.8	2.7	3.0
1994	3828	1134	2694	2.9	2.8	2.9
1995	3861	1149	2713	3.4	3.4	3.4
1996	3859	1134	2726	3.4	3.3	3.4
1997	3859	1134	2726	3.4	3.3	3.4
1998	3962	1186	2775	4.4	4.5	4.3
1999	4024	1213	2811	4.7	4.8	4.3
2000	4070	1240	2830	4.8	4.9	4.6
2001	4162	1301	2861	5.4	5.7	5.0
2002	4256	1358	2899	5.4	5.6	5.2
2003	4299	1382	2916	4.9	5.1	4.6
2004	4355	1409	2945	4.5	4.6	4.2
2005	4367	1421	2947	4.4	4.5	4.2
2006	4366	1429	2936	4.0	4.2	3.7
2007	4374	1447	2927	3.7	3.8	3.7
2008	4407	1461	2946	4.4	4.5	4.2
2009	4473	1513	2962	5.2	5.3	5.0

年	非勞動人口 (單位：萬人)			完全失業率 (單位：%)		
	男女合計	男	女	男女合計	男	女
2010	4486	1521	2967	4.9	5.2	4.4
2011	4509	1535	2975	4.5	4.9	4.0
2012	4549	1582	2968	4.3	4.5	3.9
2013	4484	1586	2899	3.7	3.9	3.5
2014	4472	1582	2890	3.7	3.8	3.5

第 **6** 章

貿易構造

6-1 貿易的意義

　　貿易的基本定義是商品與勞務的買賣；如果從事貿易的行為涉及兩個以上不同的國家，就可以稱為國際貿易[1]。在國際貿易上我們向其他國家購買商品與勞務稱為進口，將本國的商品賣給其他國家稱為出口。

　　國際貿易在全球化時代的驅使之下，各國貿易蓬勃發展，全球貿易每年不斷擴大。根據日本JETRO的統計，2011年全世界貿易出口總額179688億美元，比前一年成長19.1%；進口總額185123億美元，比前一年成長19.3%[2]。目前世界各國間貿易相互往來其主要因素可歸納為3點[3]。

(1)「生產原料分佈不平均」

　　世界各國因地理位置的分佈的差異，在有些國家蘊藏豐富的天然資源如石油、礦產、林木等，有些國家卻缺乏天然資源。在這資源分配不均情況下，缺乏資源的國家進口天然資源，帶動國際間貿易的發展。

(2)「天候及地理環境差異」

　　各國在不同地理位置上，受氣候、溫度的影響，各地所生產

---

[1] 胡春田等『經濟學概論』431頁。

[2] 日本貿易振興機構，「世界及び主要国・地域の商品別貿易」。

[3] 引用自胡春田等『經濟學概論』433頁。

的農產品不盡相同,之後各國依國內的需求對產品進行交易。

(3)「專業分工的利益」

　　各國依國家所擁有之資源及生產設備,進行商品的生產,滿足社會大眾的需求,結果因產業規模太小、生產成本過高,不符合經濟效益,這時該國可以專注生產屬於該國經濟效益較高的商品,之後透過貿易向其他國家換取或購買在該國生產卻是經濟效益較低之商品。經由國際貿易的進行仍然可以滿足國內消費者的需求。例如日本會大量製造汽車出口到世界各地,但是日本因受地形及地理位置的限制,無法大量畜養牛隻,而向澳洲進口牛肉;澳洲幅員廣闊可大量畜養牛隻,就不必投資大量設備生產汽車,所以澳洲可以向日本進口汽車滿足國內的需求。

6-2 貿易理論

依據前面所提到的例子，各國生產屬於該國經濟效益較高的商品，與其他國家換取在該國生產卻是經濟效益較低之商品，這就是國際貿易。在國際貿易理論中，最常被提到的理論就是李嘉圖模型的比較優勢論（比較利益）。接下來以圖6-1來說明比較優勢論。

有A‧B兩國皆在國內生產電腦與電視，A國生產1台電腦所需要的勞動人數為7人，1台電視所需要的勞動人數為6人；B國生產1台電腦所需要之勞動人數為4人，生產1台電視所需要的勞動人數為5人。以A‧B兩國生產電腦與電視所需要的勞動人數來比較，B國所需要的勞動人數皆比A國少，這表示B國在這兩項商品的經濟效益都高於A國，因此B國對A國在電腦與電視的生產都具有絕對優勢。對A國來說電腦與電視的生產成本都高於B國，就生產成本而言A國所需要的電腦及電視兩項商品應該都B國進口。但是事實國際貿易並非如此，貿易是以各國專業化生產最具有優勢的商品，之後再與其他國家進行交換，兩國之間才可由貿易中獲得最大利益。

如果以個別國家的生產來看，A國生產電視所需要勞工人數相較於電腦少，A國在電視的生產成本較低於電腦，A國的比較優勢（比較利益）產業為電視。反觀B國生產電腦時所投入的勞工人數比電視少，B國在電腦上的生產成本比電視低，因此電腦產業在B國具有比較優勢（比較利益）。

當A‧B兩國選擇比較優勢（生產成本相對較低）商品，進

行專業化生產後再進行交易。也就是A國生產電視出口到B國，之後向B國購買電腦；B國生產電腦出口至A國，再從A國進口電視。這就是李嘉圖的貿易模型主張的比較優勢論又稱比較利益論。

	電腦	電視
A國	7人	6人
B國	4人	5人

圖6-1　絕對優勢‧比較優勢

6-3 貿易發展

6-3-1 戰後貿易發展

　　戰後日本百業蕭條、物資嚴重缺乏，在高度經濟成長期之前，政府以滿足國內消費需求，及恢復產業生產力為目標，選擇重工業作為發展的重點產業。在這期間日本國內缺乏的原料、工業用機械，都必須仰賴國外進口；又戰後日本國內資金拮据，無法支付進口物資的所需要的大量外匯，所以日本也要出口商品賺取外匯，來支應進口所需要之外匯。

　　戰後日本經濟在高度成長期之前，國內物資缺乏，生產原料、生產機械甚至連民生必需品砂糖也需要進口，戰後日本缺乏資金，進行外匯管制，進口物資以重點產業所需要的原料及生產機械、設備為優先。這段期間日本經濟處於復興期，以恢復國內生產力及滿足國內消費需求為目標。當產業擴大投資後，進口物資增加，外匯支出也增加，在外匯支出大於出口的收入下，貿易收支會轉為逆差。又當時外匯制度是採用固定匯率$1=360日圓，日本政府有義務維持此匯率，因此日本政府會對進口資金進行管理與控制。進口業者受到資金緊縮的影響，進口物資數量減少，生產就停滯下來，投資無法持續成長，這時景氣反轉逐漸地邁向衰退。

　　進口業者受到外匯存底限制，外匯流出數量如果接近外匯存

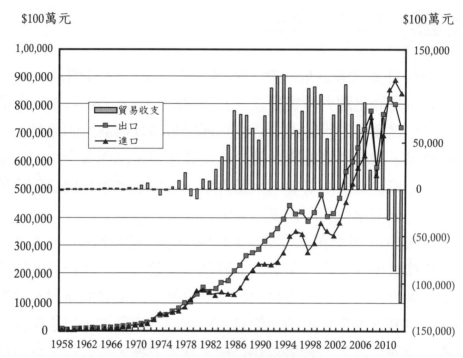

圖6-2　進出口貿易變化

資料來源：日本貿易振興機構国際経済研究課。

底（外匯準備金）❹，進口物資數量即會受到限制，廠商的生產無法持續擴大，這時景氣反轉逐漸冷卻下來。這種現象稱「国際収支の天井」。這現象在經濟高度成長期前期多次出現。

　　圖6-2是日本貿易進出口與貿易收支的變化，日本自1958～

---

❹　外匯存底是指中央銀行所保有的外匯數量。

1964年國內經歷幾次景氣繁榮階段，這期間大量進口原料及機械，貿易收支呈現逆差。之後再出現貿易逆差是在「いざなぎ景気」時期的1967～1968年，這期間剛好處於景氣上升階段，外匯存底超過2億美元，「国際収支の天井」被墊高，因此這次景氣循環與高度成長期前期之景氣循環有所不同❺。

在高度成長期後期日本產業製造能力不斷提升，出口持續擴大，貿易收支轉為順差。但是在1970年代2次的石油危機，原油價格上漲，原油的進口總額占整體進口約三成的情況下，貿易收支形成逆差。除此以外日本的貿易收支已經長期呈現順差，特別是1980年之後美國雷根政府實施高利率‧強勢美元政策，日本對美國的出口持續增加，更擴大日本對美國貿易收支的順差。因為日本對美國長期處於貿易順差的狀態，美國政府為修正對日本貿易逆差的現況，在1985年的「廣場協議」之後啟動日圓對美元大幅升值的金融政策。儘管日圓持續升值，日本的貿易收支順差仍然持續存在，直到2011～2013年才出現貿易收支的逆差，這次的逆差是因為日本311大地震後，日本國內緊急將所有核能電廠停機，以進口大量的能源來替代國內的核能發電，所以產生1980年以來的貿易逆差。

❺　金子貞吉‧武田勝（2008年）『導入日本経済』70頁。

6-3-2　戰後貿易構造發展

　　日本戰後貿易的發展，在高度經濟成長期前主要出口商品為纖維製品，1958年纖維產品出口占出口總額之31%。進入高度成長期的1960年代後，初期纖維製品仍然是主要出口品；到中期1965年後占出口之比率明顯下滑。高度成長期日本工業生產技術、生產力大幅提升，機械機器❻的商品成為主要出口商品，而且占出口比率由1965年的35%，到1975年增加到54%，1985年更增加到72%，之後到2000年為止多維持於75%左右，成為日本最大宗的出口商品。在70年代金屬及金屬製品還占有20%左右的出口僅次於機械機器；80年代以後逐漸減少，雖然是第二項出口商品，但是無法與機械機器相比。

　　日本在地形與地理位置上來看，是一個缺乏資源的國家，因此進口商品多以能源與原料❼為主要進口商品，其次是機械機器與食品等共四大項商品。戰後日本經濟經歷1950年代的復興期後，1960年代進入高度成長期，工業蓬勃發展，礦物性燃料❽進口比率從高度成長期逐漸提高到1980年來到最高50%，之後隨

---

❻ 機械機器的統計包含一般機器、電氣機器、半導體製品、輸送用機器、精密機械等。

❼ 原料的統計包含木材、非金屬礦物、鐵礦、大豆等。

❽ 礦物性燃料的統計包含原油、石油製品、液態瓦斯、煤炭等。

著國內產業調整對進口能源的依賴度逐漸降低，到2000年維持在20%左右。原料上在高度成長期結束爲止，進口比率高達四成左右，之後逐漸降低到1970年的35%，1980年的17%。2000年維持於6%左右。食品的進口上自高度成長期開始到2000年爲止，多維持於10%～20%之間，尤其是1980年代以後進口比率更下降至10%～13%之間。由圖6-3的進口變化可以了解日本的進口物資中能源與原料相關產品是占據相當高的比率。

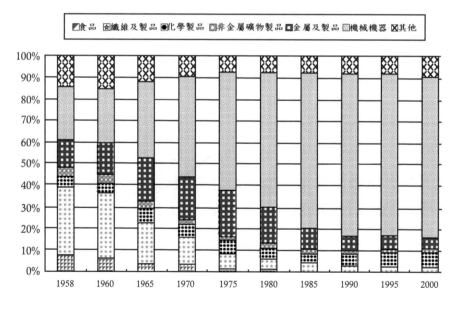

圖6-3　出口結構之變化

資料來源：日本貿易振興機構國際經濟研究課。

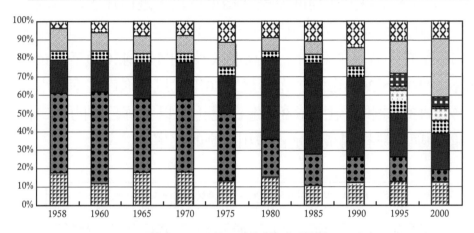

☑食品 ▣原料 ▦礦物性燃料 ▨化學製品 ▧纖維製品 ▨非金屬礦物製品 ▢金屬及製品 ▥機械機器 ☒其他

圖6-4　進口結構之變化

資料來源：日本貿易振興機構國際經濟研究課。

　　2005年之後貿易統計分類有所變更，原本合併計算於一般機械的輸送用機器及電氣機器另外個別統計，由圖6-5中顯示輸送用機器的出口在2005年以後就成爲日本第一大的出口商品，2013年占整體出口的23%，其次是一般機械19%，電氣機器的17%，三項合計的出口就將近60%。2005年以後的進口結構上仍然是以能源與原料爲進口的大宗物資，特別是2011年以後礦物性燃料進口的擴大，是受日本國內擴大LNG的進口所影響❾，及2011年東日本大地震的影響，停止核子能的發電，轉而進口石化

❾　『ジェトロ世界貿易投資報告』（2013年）20頁。

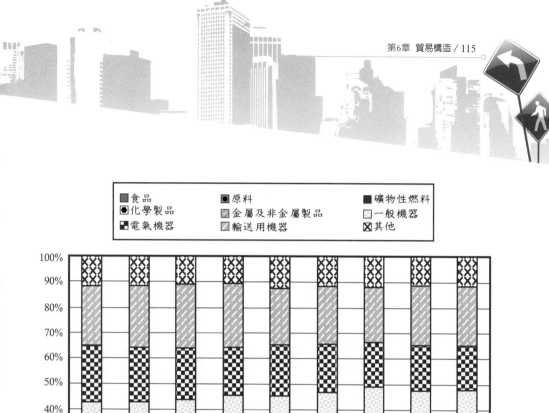

圖6-5　2005年後出口結構之變化

資料來源：日本貿易振興機構國際經濟研究課。

燃料進行發電[10]。在電氣機器的商品上，從1985年以後日圓不斷升值，日本企業的製造成本不斷變高，之後帶動日本企業的海外直接投資，在國外建立生產據點，在1995年海外生產的電冰箱首

---

[10] 『ものづくり白書』（2013年）8頁。

先呈現貿易逆差，之後1998年微波爐、2000年冷氣機等也都出現貿易逆差[11]，因此90年代開始電氣機器的進口逐漸增加，尤其是2000年以後有較明顯的增加。

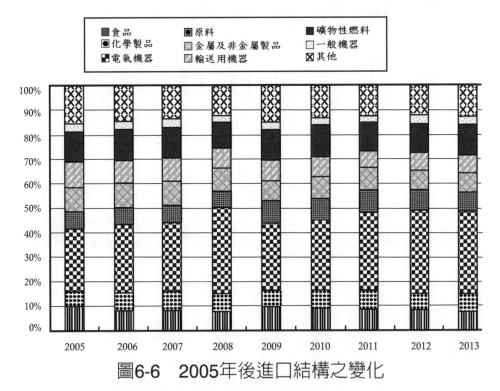

圖6-6　2005年後進口結構之變化

資料來源：日本貿易振興機構國際經濟研究課。

---

[11]　『ものづくり白書』（2013年）12頁。

6-3-3 戰後貿易市場之變化

　　圖6-7是日本貿易主要的出口國家，90年代日本的主要出口市場，最大國家是美國，大約占全體出口的三分之一。其次是對NIES[12]的出口約占總額的20%～25%間，在NIES的個別國家中以台灣、韓國就占出口數量半數以上，其中韓國占NIES中的第一位。東南亞國家新加坡除外，對泰國的出口占東協國家中的第一位，約維持於4%左右。歐洲則是以英國為主要出口國家約

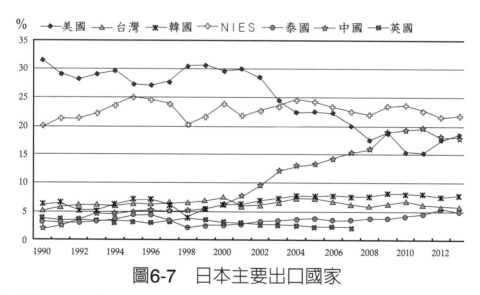

圖6-7　日本主要出口國家

資料來源：日本貿易振興機構國際經濟研究課。

---

[12]　NIES是台灣、韓國、香港、新加坡等四國。

占3%～4%間。根據日本貿易振興機構的統計資料來看，90年代各年度中日本貿易出口國前10國的總額約接近當年出口總額的70%，其餘的30%是對其他各國的出口。因此90年代日本貿易出口主要集中於美國與東亞地區。

進入21世紀後因中國經濟的崛起，日本對中國的出口比率每年增加，甚至在美國經濟衰退時期2009年之後成為日本的第一大出口國。以2009年出口額來觀察，貿易前10國出口總額占69.7%，這當中東亞地區中國、台灣、韓國、香港、新加坡、泰國、馬來西亞等國的出口占48.4%，接近整體出口之半數。所以日本的出口隨東亞地區經濟之發展，對東亞地區的出口依賴度也逐漸增加。

圖6-8是日本貿易的主要進口國家，在90年代日本的進口第一大國是美國，以1990年來看美國的進口金額約占總進口的22.3%左右，其次以能源為主的中東⑬國家占進口金額的9.4%，印尼的進口金額占5.4%，再加上進口原料物資的澳洲及加拿大8.9%，其他的進口國家，中國占5.1%，台灣占3.6%，韓國占5%等。但是隨日本企業從90年代開始對中國海外直接投資的增加，在中國生產的商品每年大量被出口到日本，2002年中國因此取代美國成為日本貿易進口的第一大國，其他能源及原物料進口的貿

---

⑬ 本文之中東是以沙烏地阿拉伯、阿拉伯聯合大公國為統計對象。

易國家由圖6-7的趨勢圖可以了解並無太大改變。

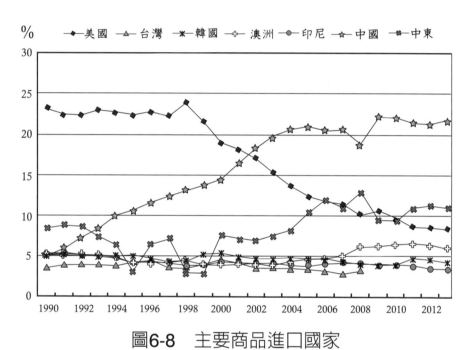

圖6-8　主要商品進口國家

資料來源：日本貿易振興機構國際經濟課。

　　表6-1是2013年出口商品市場分布，以國別及區域來看，主要出口國家是美國其次為中國，區域的主要市場為NIES，整體來看是以東亞及東南亞為日本商品的主要出口市場。以商品內容來看，出口商品方面，美國是以其他直接消費財及耐久消費財為主，中國則是以資本財與工業原料為多數，NIES在其他直接消

費財與非耐久消費財占最大宗，資本財也是占多數。由以上商品出口分布情況可以了解美國是日本消費財的主要進口國，亞洲地區國家主要依賴日本提供資本財及工業用原料。

表6-1　2013年出口商品市場分布

單位：百萬美元、%

	出口總額	美國	中國	歐盟	東協	NIES
總額	719205	19	18	10	16	22
食品及其他直接消費財	4292	17	9	4	19	44
工業用原料	189003	9	23	7	19	33
資本財	365440	18	19	12	16	19
非耐久消費財	4428	13	15	13	14	40
耐久消費財	112860	37	7	10	5	6
其他	43182	14	15	12	19	37

資料來源：日本貿易振興機構國際經濟研究課。

表6-2　2013年進口商品市場分布

單位：百萬美元、%

	出口總額	美國	中國	歐盟	東協	NIES
總額	838889	8	22	9	14	8
食品及其他直接消費財	66609	22	14	10	13	5
工業用原料	454852	5	6	6	14	6
資本財	190126	14	44	11	15	15
非耐久消費財	4428	3	61	14	15	2
耐久消費財	112860	5	46	22	12	7
其他	43182	16	17	11	21	30

資料來源：日本貿易振興機構國際經濟研究課。

　　表6-2是2013年日本進口商品市場分布，中國是日本商品主要進口市場，日本依賴中國提供大量的資本財、非耐久消費財、耐久消費財等商品。貿易收支來看日本對中國是貿易逆差的情況；但對美國及NIES卻是存在較大金額的貿易順差。

參考文獻

胡春田、巫和懋、霍德明、熊秉元合著（2008年）『經濟學概論』雙葉書廊有限公司。

日本貿易振興機構（2013年）『ジェトロ世界貿易投資報告』。

経済産業省（2013年）『ものづくり白書』。

資料來源

日本貿易振興機構，国際経済研究課。

7-1　財政之功能

財政係指公共部門參與經濟活動的行為。依據Musgrave[1]的理論，政府財政有三個主要功能(1)資源配置，(2)所得分配，(3)經濟穩定。

(1) 資源配置功能

指政府提供全國性的公共財及需要受益者付費的私有財給國民。例如，政府提供一般道路、公園、機場、港口等公共財供國民使用，及需要付費的教育、醫療服務等。

(2) 所得分配功能

指政府透過社會福利政策、租稅政策重新分配所得，對需要照顧的弱勢團體給予補貼。在進入20世紀後消除貧窮與提升福利的新思維普遍受到重視，認為不可將貧窮歸為個人的責任，國家有義務保障人民的基本生存權利[2]。在這股國際的思潮下，日本憲法第25條中也明訂保障國民的最基本的生存權。

(3) 經濟穩定功能

當經濟處於不景氣階段，政府可透過財政政策，擴大公共投資，增加經濟的總需求，防止失業的發生。當經濟景氣處於高

---

[1] 大阪大学財政研究会『財政理論』有斐閣，1961年。

[2] 内山（2008）「マスグレイプの財政学から何を学ぶか」。

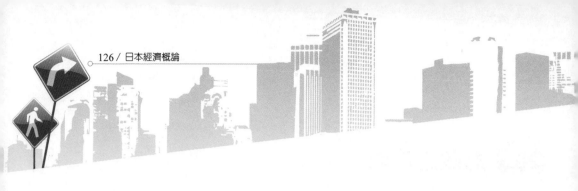

度繁榮期，政府可以經由稅收的調整，增稅、減少公共投資等方
式，抑制景氣的過度繁榮。

7-2 政府會計與預算

7-2-1 政府會計

日本政府的會計分3類，(1)一般會計（一般会計），(2)特別會計（特別会計），(3)政府相關機構的會計（政府関係機関の会計）。

一般會計：是指處理國家財政與社會福利、公共事業經費的基本會計[3]。

特別會計：是指國家對特定事業之營運與對特定資金進行融資時所使用之會計[4]。特別會計是為明確記載個別事業收支而設立的會計制度。現今的特別會計內容非常複雜，讓人理解真正收支內容變得有些困難，而且規模膨脹比一般會計迅速。在1970年特別會計的規模為16兆日圓，一般會計為8.2兆日圓，特別會計約是一般會計的2倍。2013年特別會計總額397兆日圓，一般會計總額為103兆日圓，特別會計的規模與一般會計相比大約4倍。因為特別會計的規模不斷的擴大，所以做日本財政分析時特別會計的預算內容也必列入考量。

政府相關機構會計：因為政府出資所設立的特殊法人機構，其預算必須要經由國會審查決議，而處理這些特定相關機構

---

[3] 金子貞吉・武田勝（2008年）『導入日本経済』学文社。

[4] 『経済辞典』有斐閣。

預算的會計方式，就是政府相關機構會計。以往這些機構多以公團、公社、事業團體、政府體系金融機構等名義存在，之後政府依據2001年6月的「特殊法人等改革基本法」，逐漸將這些政府相關機構轉為民營化、設立為獨立行政法人、或廢除等。

7-2-2　預算

政府的預算依據政府會計原則，有一般會計預算、特別會計預算、政府會計預算等3種預算方式。根據日本憲法第83條之規定，政府的財政活動必須依預算內容執行；憲法第86條又規定預算內容必須要經由議會決議。這就是所謂財政民主主義。因此在財源的調度、政府公共服務的提供等都必須在預算內容的基礎上進行；政府部門提供的公共服務價格訂定方式與民間部門有所差異，民間部門是以市場的供需情況來進行價格調整，而政府部門是考量社會全體的利益下進行價格調整。

預算的編製也必須在民主法治的基礎下進行，以下是日本預算編製的時程。

表7-1 日本預算編製的時程

基本方針（6月底）
討論「整體預算內容」及概算要求基準的內容（7月）
財政部與相關各部、處室及執政黨進行調整（7月）
政府的內閣會議承認概算要求基準（7月底至8月上旬）
各部、處室向財政部提出概算要求書（8月中）
預算的查定・調查（9月至12月）
預算編成的基本方針（12月）
財政部提案提示（12月）
各部・處室對預算的協調（12月末）
政府案在內閣會議決定（12月末）
向眾議院提出→審議→議會決議（第二年）
成立

註：依附錄內容編製。

　　依預算編製的時程，各部、處室必須依據概算要求基準，在8月底提出概算要求書內容，之後在12月財政部所提的預算案，進行交涉與審議後作為政府預算案向眾議院提交，政府預算案如果順利在眾議院通過，各部、處室即可依預算內容執行。如果眾議院無法通過預算案，就編製暫定預算。此外，如果在會計年度中對原預算案進行修正時，此時就必須編製補正預算。

7-2-3 一般會計

　　圖7-1是2014年政府最初一般會計歲出❺預算案。歲出規模是95兆8823億日圓，相較於2013年最出預算92兆6115億日圓，2014年的預算整體成長約3.53%。

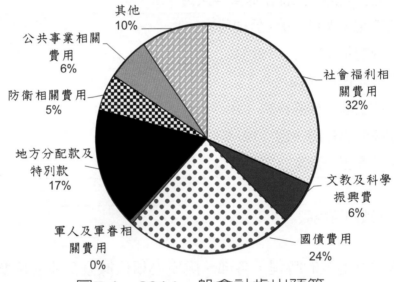

圖7-1　2014一般會計歲出預算

資料來源：財務省『財政統計』。

---

❺ 政府會計年度的預算支出。

　　在政府的歲出當中，可分必須的經費及一般依政策目標執行的一般歲出。在歲出中必須支付項目有國債費用與地方分配款及特別款，國債費用是用於支付國債的利息與本金，地方分配款與特別款是作為地方財政調整所使用之分配款。因此在一般會計歲出當中，扣除國債費用及地方分配款及特別款之後，其餘就是依政府的政策目標使用的一般歲出。

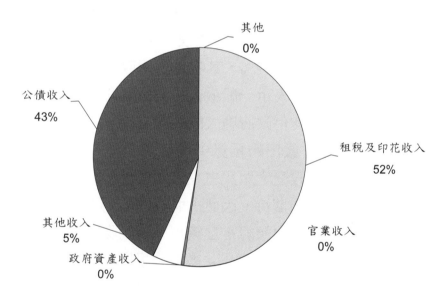

圖7-2　2014年一般會計歲入預算

資料來源：財務省『財政統計』。

　　以2014年的歲出預算來看，扣除17%的地方分配款及特別款、24%的國債費用後，政府的一般歲出為59%。政府的一般歲

出主要有社會福利、公共事業、文教及科學振興費、防衛相關費用等四大項目。然而社會人口結構在邁向少子高齡化下，社會福利相關費用支出逐年增加，2014年為30兆5175億日圓，占整體歲出的32%，一般歲出的50%以上。一般歲出在扣除32%的社會福利相關費用後，政府可使用於發展經濟的公共事業支出，一般歲出僅剩27%。

　　一般歲入❻預算中以租稅、印花稅收入與公債收入為主要的收入項目，2014年一般會計歲入規模中，租稅及印花稅收入50兆10億日圓占整體歲入的52%，其次是公債收入42兆2500億日圓占整體歲入的43%。這表示一般歲入中43%需仰賴政府發行公債向民間借款，才足以支付政府龐大的經費支出。

　　由2014年歲入、歲出的預算中可清楚了解，日本財政是支出大於收入。日本財政受大眾民主主義的影響，政府有義務提供公共服務，回應人民的期待。因此，財政的編制上，先考量公共服務的需求量來編制歲出預算，之後再來編制歲入預算。不足的數量再發行公債來彌補，因為公共需求的規模年年擴大，政府的稅收無法跟上需求的擴大，為了補足財政缺口，每年發行公債，造成長期依賴公債收入來平衡政府財政的現象。

---

❻　政府會計年度的預算收入。

7-3　財政規模

　　日本的財政以一般會計歲出規模來看，在1956年歲出首先突破1兆日圓。歲出的成長率在高度成長期1961年達到最高為20%，之後到1979年間成長率多維持在11%～20%間，這期間受第一次石油危機景氣衰退的影響，1973年、1975年的成長率也高達20%。但1980年代在政府整建財政下，成長率就被控制在10%以內。1990年代泡沫經濟破滅的不景氣時期，成長率仍然受到控制。2000年以後成長率除了2009年受美國次級房貸引發的景氣衰退影響下，當年的成長率高達6%，其餘的年度多控制在4%以下，甚至在2001年、2002年、2006年、2012年4年為負成長。

　　在圖7-3上一般會計歲出與一般歲出比率，從1955年後比率逐漸減少，到1992年來到最低55%，之後到2014年間多維持在60%左右。一般歲出是一般會計歲出扣除交付地方的分配款及國債費用後，各行政單位基於政策的推行可以使用的經費，又可稱為「政策的經費」[7]。日本政府自1965年再度發行國債後，國債占歲出比率增加，特別是第一次石油危機後景氣衰退，政府為因應大量的財政支出自1975年以後大量發行國債。因國債的發行使一般歲出比率由1964年的80%，之後逐漸降低，從1980年代至今多維持於60%左右。因此國債發行的數量增加時一般歲出受到排

---

[7]　金子貞吉（2008年）『日本経済の仕組み』128頁。

擠，一般歲出占一般會計歲出比率降低，這也被稱爲「財政の硬
直化」。

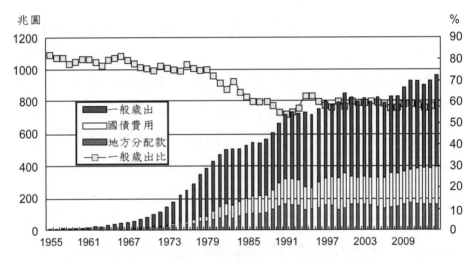

圖7-3 一般會計歲出〈初期〉趨勢

資料來源：財務省『財政統計』。

註：一般歲出比＝一般歲出／一般會計歲出〈初期〉。

以圖7-4一般會計歲出占GDP的比例來看財政的趨勢，戰後
的財政規模到高度經濟成長期結束爲止，比例多維持在11%左
右；1970年代開始財政規模持續擴大比例快速增加，到1982年
達最高水準爲18%。政府爲控制財政規模持續擴大，訂定1980年
爲「財政再建元年」進行財政重整，之後才有效控制規模的持續
擴大，到1997年爲止多維持於14%左右；1998年之後再度實施積

極性的財政政策歲出比例明顯增加，到2011年增加至最高19%。

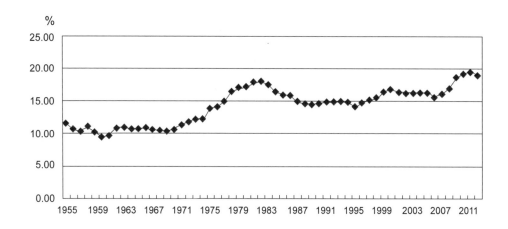

圖7-4　一般會計歲出（初期）占GDP比

資料來源：財務省『財政統計』、內閣府『国民経済経済年報』。
註：1979年為止68SNA、1980～2012年為93SNA。

　　歲出比例可以了解在高度經濟成長期政府的財政支出對總需
求的影響度較小，這時政府在經濟市場中是扮演「小而美」的角
色。但1970年之後世界景氣的衰退財政支出在總需求的重要性逐
漸增加，在經濟市場的角色轉換成「大有爲」的角色。

　　尤其是在泡沫經濟之後財政支出的性質，由以往的公共事業
投資性質，逐漸轉換成擴大景氣政策性質的支出。特別是「少子
高齡化」社會下，相關社會福利的支出費用已經成爲政府的主要
財政支出。

7-4 稅制

7-4-1 租稅的原則

政府爲了進行各項公共支出，必須有對等的財源來供應支出，一般而言，政府財源主要來自於租稅收入、公債收入、資產收入，這當中租稅是政府的主要收入來源。然而政府的租稅收入是來自於民間，因此租稅課徵必須兼顧效率與公平。

效率係指政府的租稅應以不干預市場價格機能爲依歸，避免扭曲市場上資源的分配，這也就是競爭市場中，強調租稅中立。萬一租稅會影響到市場價格機能時，務必尋求最低程度的效率損失，也就是每1元稅負的社會無謂損失降低至最小。

然而就租稅公平而言，合乎社會正義的租稅，可分成兩個不同的概念，一個稱爲水平公平，另一個稱爲垂直公平。水平公平的意義是，不論所得來源與用途，

相同所得的人應負擔相等的稅收。由租稅的課徵對象來看，個人的身分、職業的差異，不宜給予不相同的租稅對待，而給予免稅所得與分離課稅的規定，對水平公平現象具有傷害，需盡量避免。然而在所得稅制的實務操作上，爲了顧慮個人在相同的所得水準下，可能具有不同的消費能力，往往訂定了免稅額、寬減額、扣除額等所得減免的辦法。這些所得減免常常是基於教育、醫療、扶養親屬等因素而設置，其目的在於使課稅所得更能表示個人的消費享受能力、更能顯示其福利，使課稅所得更具公平的意義[8]。

---

[8] 林華德（1994）『財政學要義』151-182頁。

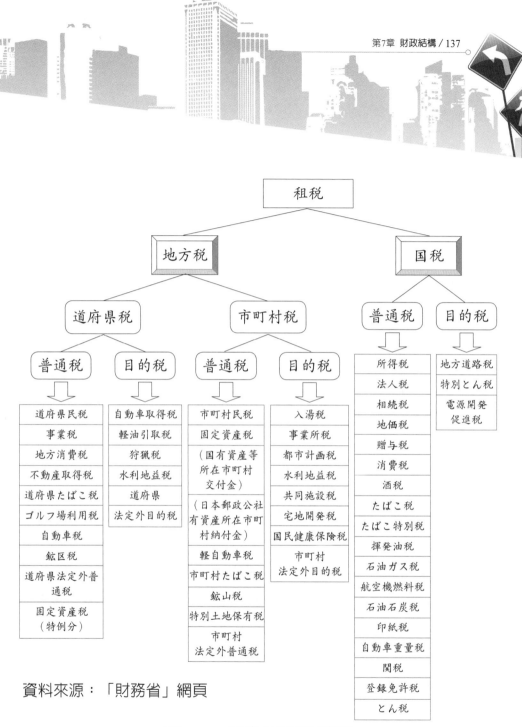

資料來源：「財務省」網頁

圖7-5　日本的租稅體制

7-4-2　日本的租稅體制

　　圖7-5表示日本的租稅體制，以課稅主體來看可分「國稅」與「地方稅」，國稅是由國家課徵的租稅，地方稅是由地方道、府、縣等行政單位課徵之租稅；然而地方稅又依地方行政單位區分「道府縣稅」與「市町村稅」。稅的收入當中充當一般經費使用的收入稱「普通稅」，充當特定用途使用的稅收稱「目的稅」。

　　日本租稅收入是以所得課稅、消費課稅、資產課稅等為主要收入。其中所得課稅的主要稅收是所得稅與法人稅，圖7-6表示2012年租稅收入，所得稅占30%、法人稅占25%。消費課稅是以消費稅為主2012年消費稅占稅收23%。資產課稅是以土地及保有之資產進行課稅，當中以遺產稅為大宗2012年遺產稅占稅收之3%。

　　所得稅是依個人的收入來源課徵，一般以薪資所得、利息所得、股利所得、不動產交易所得等10多種所得作為課徵對象❾。所得稅之課徵方式是將各項所得加總之後扣除（配偶、親屬扶養、社會保險費、一般保險費、基本扣除）等費用後，所得之餘額作為課稅所得。

---

❾　金子貞吉・武田勝（2008）『導入日本経済』86頁。

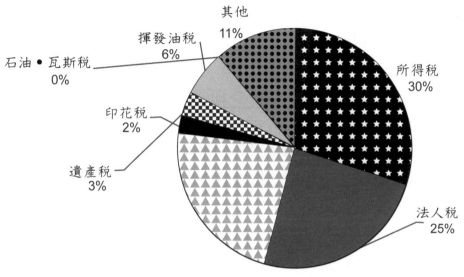

圖7-6　2012年租稅結構

資料來源：財務省網頁。

　　圖7-6表示2012年租稅及印花稅之收入，所得課稅占稅收的55%，消費課稅占29%，資產課稅占13%。整體課稅收入結構，目前主要是以所得課稅爲稅收的基礎，其次是消費課稅及資產課稅。

　　所得課稅是以自然人與法人之所得收入作爲課稅對象，對自然人則課徵所得稅，對法人則課徵法人稅。自然人所得的所得項目，有薪資所得、利息所得、股息所得、不動產所得等，自然人將各項所得扣除必要之費用後，將各項所得加總後得到綜合所得總額。之後將綜合所得總額扣除免稅額及扣除額後得到綜合所

得淨額。最後將所得淨額乘上課稅稅率，就是個人的所得稅額。在日本綜合所得申報方式有「源泉徵收」與「確定申告制度」。「源泉徵收」是指薪資所得者之所得稅在公司階段即直接扣繳，「確定申告制度」是有其他各項不同所得收入者，在扣除各項費用後，所進行申報所得之方式。所得稅率採用累進稅方式，即隨課稅標準級距之增加稅率也提高。此外法人稅是對法人所得課徵之所得稅，法人稅分中央政府課徵的法人稅，與地方政府課徵的法人住民稅與法人事業稅等。

消費稅是在進行財貨、商品、特定勞務等，消費時課徵的稅賦，實際上是以附加價值的部分做課稅標準。例如，家具業者向木材商購入5000元材料，當消費稅8%，木材業者需要支付400給稅務處。之後家具業者以5400元之材料加工完畢後以10000元賣出，消費稅為800元，家具業者收到800元的消費稅，之後扣除之前所繳納之400元稅金後，將所剩400元消費稅繳給稅務機關。由以上的交易了解，消費稅就是將銷售價格減去進貨成本後，就廠商所創造的附加價值進行課稅，因此又稱附加價值稅。

日本在1989年實施消費稅，之後日本的租稅收入就形成以所得稅、法人稅、消費稅為主的租稅結構。特別是在人口高齡化與全球化的背景下，過去以所得稅即直接稅為主體的租稅結構，今後將逐漸修正增加消費稅即間接稅的比重。

7-5　國債

7-5-1　國債之定義與種類

何謂國債？國債是國家爲了籌措財源而發行的債券。國債依其發行之目的來區分，有(1)「歲入債」，(2)「繰延債」，(3)「融通債」等三種債券。

(1)「歲入債」又稱普通國債，用於籌措新財源而發行之國債爲「新規財源債」「借換債」用於償還到期債券所發行籌措財源的債券。「借換債」只能發行使用於「建設国債」上，但1985年度以後也可使用於「赤字国債」[⑩]。

(2)「繰延債」現在是以作爲籌措參加國際機構所需要資金爲目的而使用之債券。

(3)「融通債」以短期資金調度爲目的所發行之債券。

7-5-2　國債之發行

日本戰後從1965年起再度發行國債，之後每年持續發行國債，到1975年首次發行赤字國債，而且國債的發行數量到1979年爲止每年增加。隨國債大量發行國債市場規模逐漸擴大，進而形成金融自由化的契機。又因爲1975年以後發行的國債幾乎都是

---

⑩　有斐閣，『経済辞典』98頁。

10年期國債，1985年開始陸續到期，之後政府面臨到期債券替換的時期，此時為了使到期國債能順利替換，TB開始導入市場而且被靈活運用。

　　日本經濟在1990年受到泡沫經濟破滅的影響，國內景氣低迷，經濟持續衰退。日本政府為挽救經濟，採用擴大公共事業投資政策，增加社會總需求來帶動景氣復甦。此時為了籌措財源因應支出，大量發行的建設國債，持續到1990年代結束。

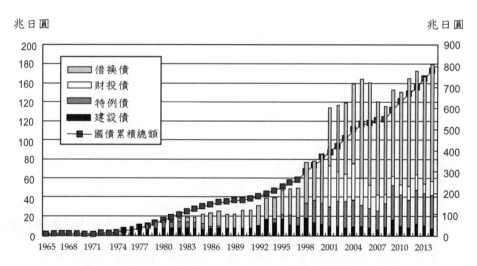

圖7-7　國債發行與累積總額

資料來源：「総務省」網頁。

　　2000年後的小泉內閣，未繼續採用擴大公共事業投資作爲帶動景氣復甦的政策工具，因此建設國債的發行數量減少，但是赤字國債即特例國債及借換國債等發行數量逐年擴大，由圖7-7可以明確看出各種國債，各時期因政府政策的不同，其發行量而有所不同。但是日本政府的歲出依賴國債來因應這已經形成常態，而且國債累積總額在2013年已經高達743兆日圓，爲GDP的1.536倍，這是日本政府面對的最大財政問題。

附録

予算編成のスケジュール

骨太方針	予算編成の基本方針
↓　6月末	↓　12月
「予算の全体像」や概算要求基準の大枠を議論	財務省原案を内示
↓　7月	↓　12月末
財務省が関係省庁や与党調整	各省庁の復活折衝
↓　7月	↓　12月末
政府が概算要求基準を閣議了解	政府案を閣議決定
↓　7月末〜8月上旬	↓　12月末
各省庁が財務省に概算要求書を提出	衆院提出→審議→議決
↓　8月中	↓　翌年
予算の査定・調査	成立

資料來源：金子貞吉・武田勝（2008年）『導入日本経済』79頁。

參考文獻

リチヤード・マスグレイヴ，（1961年）『財政理論』木下和夫監修、大阪大学財政研究会訳、有斐閣出版。

内山昭，（2008年）「マスグレイブの財政学から何を学ぶか」『立命館経済学』57(2), 195-215, 2008-07。

金子貞吉・武田勝，（2008年）『導入日本経済』学文社。

林華德，（1995）『財政學要義』大中國圖書公司。

資料來源

財務省，『財政統計』。

http://www.mof.go.jp/budget/reference/statistics/data.htm

附錄

單位：千日圓

年	歲出	地方分配款	國債費用	一般歲出費用
1955	991457523	137403000	0	854054523
1956	1034922520	162798235	38530262	833594023
1957	1137464880	186772686	36161519	914530675
1958	1312131164	224009703	67200693	1020920768
1959	1419248163	248649356	55373464	1115225343
1960	1569674702	283531965	27407288	1258735449
1961	1952776277	352955528	40822499	1558998250
1962	2426801228	448038624	68456935	1910305669
1963	2850008117	540260915	116150764	2193596438
1964	3255438310	621408956	45503564	2588525790
1965	3658080318	716187058	0	2941893260
1966	4314270390	750670328	48856154	3514743908
1967	4950910180	898106560	115250399	3937553221
1968	5818598454	1092337372	201261035	4525000047
1969	6739574143	1333339112	278838987	5127396044
1970	7949764116	1662871617	290897195	5995995304
1971	9414315280	2054423381	319339562	7040552337
1972	11467680641	2195394524	455372451	8816913666
1973	14284073130	2781147522	704518032	10798407576
1974	17099430036	3382287346	862169688	12854973002

年	歲出	地方分配款	國債費用	一般歲出費用
1975	21288800073	4408640000	1039397151	15840762922
1976	24296011447	3809655966	1664675366	18821680115
1977	28514270145	4622070591	2348661092	21543538462
1978	34295011306	5396756496	3222685397	25675569413
1979	38600142615	5288160000	4078350979	29233631636
1980	42588843011	6545200000	5310404145	30733238866
1981	46788131080	8083520000	6654239838	32050371242
1982	49680836840	9230921375	7829943588	32619971877
1983	50379603315	7315144520	8192460076	34871998719
1984	50627214316	8886400000	9155072877	32585741439
1985	52499643415	9690080000	10224158369	32585405046
1986	54088643440	10184955165	11319518210	32584170065
1987	54101019241	10184119939	11333530259	32583369043
1988	56699713560	10905620000	11511986520	34282107040
1989	60414194091	13368840000	11664867411	35380486680
1990	66236790811	15275090000	14288586459	36673114352
1991	70347419164	15974910000	16035980278	38336528886
1992	72218011260	15771880000	16447320012	39998811248
1993	72354824310	15617350000	15442347560	41295126750
1994	73081669430	12757751699	14360242484	45963675247
1995	70987120301	13215394753	13221300445	44550425103
1996	75104923815	13603825569	16375197446	45125900800
1997	77390003705	15480975000	16802328590	45106700115

年	歲出	地方分配款	國債費用	一般歲出費用
1998	77669179091	15870150000	17262816059	44536213032
1999	81860122402	12883140000	19831923038	49145059364
2000	84987053259	14016346000	21965341311	49005365948
2001	82652378963	15921147000	17170533506	49560698457
2002	81229993005	16107987000	16671212060	48450793945
2003	81789077666	16392632109	16798068710	48598376847
2004	82110924617	15388649771	17568580269	49153694577
2005	82182917678	14570914000	18442174466	49169829212
2006	79686024221	13742474000	18761560255	47181989966
2007	82908807811	14619635000	20998807371	47290365440
2008	83061339913	15140119889	20163229693	47757990331
2009	88548001321	16111283000	20243730520	52192987801
2010	92299192619	17094542481	20649078305	54555571833
2011	92411612715	16396857600	21549099807	54465655308
2012	90333931511	16466543600	21944217387	51923170524
2013	92611539328	16267152850	22241492226	54102894252
2014	95882302829	16023244850	23270154867	56588903112

第 **8** 章

社會保障制度

8-1 社會保障之理念與發展

　　現代社會保障理念，是當生活中因疾病、傷害、高齡、失業等因素，造成生活困頓，這時可以透過社會來救助當事人，確保當事人最低生活水準。現代社會保障理念是將以往社會上彼此相互扶助的救助方式，經立法程序確立，提升爲國家對國民的責任，並建立社會救助體系。

　　日本社會保障制度的建立，首先是由救貧法的導入開始，之後再設立共濟制度，接下來才是社會保障制度設立。現在的社會保障制度的基本理念，是由1942年間英國的社會保障計畫所發展出來。基本理念爲(1)制度的對象不只限於勞工，是以全體國民爲對象。(2)必須對保障全體國民做最低生活水準的保障。(3)全體國民共同負擔保險費，對於因失業、受傷・生病、高齡而對生活感到不安發生事故之人等，皆必須給予相同的給付。在這基本原則下國家建立屬於公眾的社會保險制度，保障國民的最低生活水準。日本國會在1975年批准「社会保障の最低基準に関する条約」後，日本社會才正式確立社會保障制度。

8-2 日本社會保障制度

　　日本的社會保障制度一般狹義的解釋是(1)「公的扶助」(2)「社会保険」(3)「社会福祉」(4)「公衆衛生・医療」四項制度，廣義的解釋則包含(5)「恩給」(6)「戰爭犧牲者援護」兩項制度。

　　政府從戰後開始陸續制定相關法律，有(1)「児童福祉法」（1947年）(2)「身体障害福祉法」（1949年）(3)「生活保護法」（1950年）(4)「精神薄弱者福祉法」（1960年）(5)「老人福祉法」（1963年）(6)「母子福祉法」（1964年）又本法於1981年改名稱爲「母子及び寡婦福祉法」等此六項法律通稱「福祉六法」❶。

　　此外，在1951年設立「社会福祉法」，而且同年設立「社会福祉事業法」後，各自治團體也能設立福利事務處。之後分別於1965年設立「母子保健法」、1982年設立「老人保健法」等福利相關新法。

　　在保險方面於1949年設立「失業保險法」及「職業安定法」等新法。1959年實施「国家公務員共済組合法」並保留對公務人員的「恩給」制度，自此以後錄用的新進人員適用這新的年金制度，以「共済年金」做給付。在1960年代之前日本社會能使用年金制度與健康保險制度的人，僅限於公務人員與大企業的受

---

❶　右田紀久惠等（2004）『社会福祉の歴史』316頁。

雇人員，其他從事農林業工作的人員與自營業者都無法享有年金
及健康保險的福利制度。基於保障國民的生活福祉，1961年實施
國民年金制度與國民健康保險制度，讓每位國民與從事任何職業
的工作人員都能享有年金及健康保險的福利。自此之後日本社會
進入全民皆年金與保險的時代。

　　1960年代進入全民皆保的時代後，日本國民健康度顯著提
升，國民平均餘命年年提高，1980年代後人口結構迅速邁向高
齡化，政府爲因應高齡化的看護照顧療養問題，在2001年實施
「介護保險制度」。所以到現在日本實施的社會保險制度有年金
制度、健康保險制度、雇用保險制度、業務災害補償保險制度、
看護保險制度等五項保險制度。

8-3 日本的年金制度

　　日本在1961年實施「国民年金制度」後，包含當時既有的「厚生年金保険」、「船員保険」、「国家公務員共済」、「地方公務員共済」、「私立学校教職共済」、「農林漁業団体職員共済」等保險，所有的國民皆可以加入年金制度。

　　「国民年金」的加保對象是以自營業者及從事農林工作相關人員，「厚生年金」投保對象是一般企業的從業人員，「共済年金」是以公務人員、私立學校相關人員為參加對象。這些年金制度中以工作性質加入保險的人稱「被用者」，例如公務人員加入「国家公務員共済」，在企業工作的從業人員加入「厚生年金保険」等，因此這些年金又稱「被用者年金制度」。加入年金必須支付保費，保費由被用者與雇用者分別各自負擔一半的保費，保費依據年金制度所訂定之標準月報酬額乘以保費率計算。

　　從1961年後實施之年金制度在1985年進行大幅度修正，從1986年起導入基礎年金制度。這制度是以全體成人作為加保對象，將國民年金制度概括進來，成為共同的一部分。這新的基礎年金制度將原本參加國民年金的投保人列為第一類被保險者，原本參加被用年金制度的投保人列為第二類保險者。第二類被保險者除了參加國民年金外，原本參加的「共済年金」「厚生年金保険」也繼續參加，形成雙層的年金制度，如圖8-1的方式。

　　新年金制度的給付上，基礎年金的部分，對全體65歲以上被保險人進行「老齡基礎年金」的給付，此外參加「共済年金」的被用保險者與參加「厚生年金保険」的被用保險者，另外享有

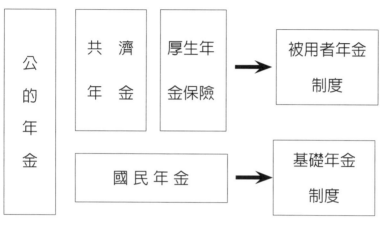

圖8-1　日本年金制度

資料來源：「國家公務員共濟組合連合會」網頁。

「退職共済年金」的給付與「老齡厚生年金」的給付。而且這些年金中皆設有「障害年金」[2]與「遺族年金」[3]對被保險人及其家屬做給付，保障他們的生活。表8-1是表示各年金給付的給付內容。

---

[2]　「障害年金」是對被保險人因生病、受傷達保險的認定標準後，進行傷病給付的年金。

[3]　「遺族年金」是指被保險人死亡後，為了維持被保險人家屬的生計所進行給付的年金。

表8-1　年金給付制度

年金制度\給付の種類	國民年金	共済年金	厚生年金保險
退職給付	年齡基礎年金	退職共済年金	老齡厚生年金
障害給付	障害基礎年金	障害共済年金	障害厚生年金
遺族給付	遺族基礎年金	遺族共済年金	遺族厚生年金

資料來源：「國家公務員共済組合連合會」網頁。

　　日本雖然實施全民年金制度；由於年金中存在不同的保險制度，繳交之保險費也有所不同。

　　國民年金的保險費在2004年做了大幅調整，從2006年起月費提高280日圓，繳交月費爲13860日圓，又2007年起第一類被保險者保費每年月費提高280日圓，預計到2017年爲止保費每年月費提高280日圓，預定最終提高至每月16900日圓。

　　「厚生年金」是年金制度中規模最大的年金，投保對象是一般企業的從業人員。年金保費計算是將每月實際所得由10.1萬日圓至60.5萬日圓間，區分爲20等級之標準薪資額，之後依據標準薪資額乘以保險匯率。

　　2004年對保險費進行調整，首先是停止使用月報酬作爲標準薪資，導入「總報酬制度」，即除了每月薪資外還包含其他收入，一併作爲保費表準薪資之計算基礎。之後調整保險匯率，由2006年的14.642%開始每年提高匯率，預計2017年達到18.3%

後並將匯率固定。其他的「公務員共済年金」也預計2018年，「私学共済年金」預計2027年達到18.3%的匯率標準，使匯率標準統一。

8-4 健康醫療保險制度

　　日本的健康醫療保險制度於1961年與年金制度同時實施，其成立的方式類似年金制度，就是在既有的醫療保險制度下，設立新的醫療保險制度，讓其他無法參加醫療保險的國民也能加入醫療保險，達到全體國民皆有醫療保險。日本的醫療保險制度依據其職業、區域的不同加入其所屬的醫療保險制度，因此，被保險人所繳納之保險費不同，接受的給付也不同。

8-4-1 健康保險制度的變遷與現況

　　1961年健康保險全面開辦初期，國民健康保險的給付上，被保險人負擔實際診療費用的2成，家屬負擔5成。在被用者保險制度上如「全國健康保險」被保險人本人無需負擔費用，其家屬則負擔5成。

　　日本社會導入健康保險制度後，因各縣政府陸續實施老人免費醫療制度，迫使日本政府在1973年全面實施老人免費醫療制度，之後又因老人醫療費用的負擔增加的因素，在1982年制定「老人保健法」，讓老人自付1成的醫療費用，並由其他健康保險制度共同相互出資設立老人保健基金，分擔其餘的老人醫療費用。

　　1984年設立以退休人員為加入對象的「退職者医療制度」。退休人員的醫療費用，由個人繳納的國民健康保險保費與

被用者保險之保險者❹出資共同支付。

　　2001年設立罰則，對一年半未繳保險費者暫時停止保險給付。

　　2003年起健康保險的個人自付費用提高為3成，保險費用計算的標準薪資由月薪方式改成總收入方式。

　　2006年醫療診斷費用的給付做調整，診斷費用個人自付額最高3成。對70至75歲之高齡者自付額2成；高齡之高所得者自付額為3成，低所得者自付額為1成。

　　此外，1997年制定「介護保險」❺法，2000年4月實施。這保險是對65歲以上需要做長期照護的人所制定之保險。以往老人長期照護的服務工作是隸屬老人社會福利，由各縣的地方行政區域所負責，但是提供的照護服務有限。在保險制度建立後，可以導入民間業者的照護服務，使長期照護服務更為完善。

　　因此65歲以上的加入者被列為第1號被保險者，保險費原則上是由年金給付額中扣除。40歲至未滿65歲的加入者被列為第2號保險者，當事人如果是受雇人員，保險費由勞資雙方各出資一

---

❹　例如「全国健康保險協会」、「共済保險制度」等保險單位。

❺　對於因身心疾病之因素造成需要接受照料的人，照顧者依當事人的行為能力提供適度的照料，讓當事人能順利正常進行居家生活，而且這過程產生的費用透過保險機制方式由大眾來分擔。此保險法的設立是要去規劃並訂定保險費用、保險給付之內容。

半，非受雇用者則全額由當事人個人負擔。

　　被保險者在接受照護服務階段，需接受照護服務等級認定，服務等級分6級，提供照護服務業者在判定的等級內提供照護服務，服務所產生費用當事人須自付1成。

　　保險實施後接受照護的人數每年增加，提供照護的總費用每年增加，因此自2006年起調高每人月費800日圓，2007年起自「老齡‧退職年金」中徵收保險費，來增加保險的收入，應付日趨增加的龐大照護給付費用。

　　2008年4月導入「後期高齡者医療制度」，這制度是將75歲以上投保於健康保險的高齡者，從健康保險中分離出來，將這些高齡的投保者，併入以行政區域都道府縣為單位，新設置的保險制度。保險費原則上是以個人負擔，由個人年金給付中扣除。保險費依各道都府縣的規定有所差異，一年保費約10萬多日圓至7萬多日圓不等。醫療給付總額支出的分配，高齡者的保險金占1成，其他醫療保險占4成，其餘5成由稅金負擔。但是醫療給付總額如果增加，將會提高個人保險費的負擔金額。

8-4-2　醫療保險的現況

　　表8-2是表示2012年3月底，日本醫療保險制度的保險者、保險成員、加入人數等現況。

表8-2　醫療保險制度（2012年3月底）

單位：萬人

保險制度區分	保險名稱	保險者	保險者單位數	保險組合員	加入者
被用者保險	全國健康保險協會	国	1400	大企業	3488
	組合管掌健康保險	健保組合		中小企業	2950
	共濟保險	国		公務員	919
	船員保險	国		船員	13
	健保法第3條第2項被保險者	国			2
国民健康保險	市町村国保	市町村		農業者・自營業者	3520
	国保組合	組合	1900	同種同業者	312
後期高齡者醫療制度	後期高齡者	都道府縣		７５歲以上高齡者	1473

資料來源：「厚生勞働省」網頁。

　　日本的醫療健康保險制度分爲被用者保險、國民健康保險、後期高齡者醫療制度等。在各保險制度下有不同單位的保險者加入即保險名稱，在被用者保險制度裡，有「全国健康保険協会」、「組合管掌健康保険」、「共済保険」、「法第3条第2項被保險者」等。

　　「全国健康保險制度」這是大企業自行成立的健康保險，成員是在大企業工作的相關人員，2012年3月爲止參加人數約3488萬人。

　　「組合管掌健康保險制度」這是政府社會保險廳營運管理的醫療保險制度，參加成員是以企業規模較小的中小企業，目前參加人數有2950萬人。

　　「共済保險制度」是以國家公務人員、地方公務人員、私立學校教職人員爲參加對象，目前有919萬人。

　　「船員保險制度」是以船員爲參加對象，目前有13萬人加入。

　　「健保法第3条第2項被保險者」是以固定工作者的臨時工作人員作爲加入的對象，目前有2萬人。

　　國民健康保險制度的「市町村国保」是以一般自營業者、農林水產業者及其家人爲加入的對象，目前有3520萬人加入。

　　「国保組合」是以從事專業工作人士爲參加對象，例如醫師、藥劑師、建築專業人士等，目前有312萬人加入。

　　「後期高齡者医療」是以75歲以上之高齡者作爲加入的對象，目前有1473萬人加入。

附錄

年金制度 給付種類	國民年金	共濟年金	厚生年金保險
退休給付	年齡基礎年金	退職共濟年金	老齡厚生年金
障礙給付	障礙基礎年金	障礙共濟年金	障礙厚生年金
遺族給付	遺族基礎年金	遺族共濟年金	遺族厚生年金

參考文獻

右田紀久惠・高澤武司・古川孝順編，（2004年）『社会福祉の歴史』有斐閣。

資料來源

厚生労働省　網頁。

http://www.mhlw.go.jp/toukei_hakusho/toukei/

国家公務員共済組合連合会　網頁。

http://www.kkr.or.jp/

9-1　貨幣的起源

　　在原始的社會裡人類是以狩獵與摘果實維生，每個人或家庭都是過著自給自足的生活方式。之後隨人類群居範圍的擴大與農業的發展，個人生產的物品無法滿足個人或家庭的需求，於是人們開始藉由物品的交換來滿足彼此的需求。譬如居住在山區的某甲與居住平地的某乙，兩人達成約定某甲以一頭山豬換取某乙的一把獵刀。這就是最早的交易方式「以物易物」。

　　又以物易物之交易中，一項交易要能達成，必須雙方所願意提供交易之物品，恰好是對方所想要的，而且雙方對彼此交換物品之數量又能滿足下才能達成交易，否則就無法進行交易。所以為了讓交易能順利進行，因此需要某種交易媒介，貨幣就是作為交易媒介而出現。

9-1-1　貨幣的功能

　　「交易的媒介」：貨幣的出現可以使商品交易順利進行。

(1)「計價的單位」

　　有了貨幣後，各種商品的價值才有一個衡量標準，這就是貨幣作為計價的單位或價值衡量的功能。若沒有貨幣作為價值衡量的標準，任何商品的價值都須用它與其他商品的相對價格來表示。因此每2種商品之間就有一個相對價格，市場上的商品種類繁多，各商品的價格就變得非常複雜。因此使用貨幣作計價的單

位，交易者可以立刻知道商品價值，節省許多交易時間。

(2) 「價值的儲藏」[1]

　　貨幣亦可作爲價值儲藏的工具。假設某甲使用商品與他人交易後，取得大量貨幣，某甲可以不必立即再與其他人進行交易，他可以將貨幣保留，直到未來需求產生時再進行交易換取所需要之商品。

9-1-2　貨幣的演進

　　在原始的社會裡，交易是以物易物的方式，當貨幣開始作爲交易媒介，初期所使用的貨幣都是一些有價值的商品，例如貝類、雕刻過的石頭、珠子、牲畜、金屬等。這種貨幣稱爲商品貨幣。

　　由於貨幣是交易的媒介，因此商品貨幣必須具備某些特性，例如方便使用、攜帶輕便、可以長期保存等，否則就不利於交易。此外市場上商品的交易，因爲交易數額多寡不一定，數額較高之交易需要使用較高面值貨幣；數額較低之交易也需要低面值貨幣可以使用。因此作爲交易媒介的貨幣，除了具備不易損壞，易於保存等特質，還必須兼具分割性、同質性等特質。在早

---

[1]　毛慶生等『經濟學』407頁引用。

期商品貨幣上，金屬貨幣是具備以上的各種特質，所以普遍被使用作為交易的媒介，其中以黃金、白銀的金屬貨幣，流通性最大。因此，黃金或白銀鑄造的硬幣，逐漸取代了其他東西，而成為商品貨幣。而且這些硬幣都以其金屬本身的商品價值作為面值，早期這些金屬貨幣多由王公貴族負責製造。

在金屬貨幣大量流通時期，經濟發展對於貨幣需求增加；貨幣供給數量相對呈現不足，又王公貴族為支應龐大的軍備與生活支出，為了增加貨幣供給量，於是對新發行的金屬貨幣降低成分混入其他金屬，來增加貨幣的發行。

因為金屬貨幣面值等同於金屬的商品價值，當新發行的混合金屬貨幣其面值將高過於貨幣本身金屬商品的價值。例如以1克黃金鑄造成的純金幣其面值為100元，市場上4枚金幣可以換1匹馬。但是如果以0.8公克黃金混入0.2公克銅鑄造成混合金幣，其面值仍然訂為100元，實際上純金幣的100元面值在金屬商品的價值上市高過於混合金幣的價值。因此價值4枚純金幣的馬，採用混合金幣則需5枚才可以購買到。

因此原先市場上流通的純金幣，與後來的混合金幣在市場上的面值同為100元。當民眾發現兩種鑄幣因含金純度之差異產生實際價值之不同，或金屬商品價值較高，此時，民眾會將純金幣收藏起來，或將金幣溶化還原成金屬作為商品用途。而使用混合金幣在市場進行交易，因此市場上流通的劣質混合金幣快速增加，原本的純金幣在市場上流通的數量逐漸減少，這種劣幣驅逐

良幣的現象，又稱格萊興法則（Cresham's Law）。這是以第一位觀察到此種現象的格萊興爵士的姓氏命名。

金屬貨幣流通的時期，新的貨幣型態紙幣也出現，根據歷史的記載紙幣最早是在11世紀的中國出現。紙幣具有質量輕、便於攜帶的特質，而且紙幣的面額可大可小，能滿足細分的要求。但是，紙幣本身的價值很低，因此紙幣開始發行時，通常需要以金幣或銀幣作爲支持，否則無法發行。當紙幣有金或銀的支持，可以兌換黃金或白銀，本質上仍然屬於商品貨幣。因此這種可以兌換黃金或白銀的制度，稱爲「金本位制度」或「銀本位制度」。

在19世紀末年歐美各國確立以金本位制度作爲貨幣發行的依據，採用金本位制度的國家，中央銀行發行兌換券（紙幣），需要保有一定量之黃金做兌換保證。以美國爲例，在1933年以前持有美國金庫券的人，隨時可向美國政府兌換金幣。第二次世界大戰後，依據布列敦森林協定，將美元與黃金掛勾，以35美元兌換1盎司黃金的標準，成員國貨幣再與美元掛勾，用美元作爲國際通用貨幣。

紙幣因爲攜帶方便，又可以減輕鑄造的成本，所以逐漸取代市場中金幣與銀幣的流通。但是紙幣在發行初期爲了增加使用者的信心，必須準備等值的金或銀作爲發行保證，就是所謂發行準備。之後因爲經濟發展的因素，經濟社會需要更多的貨幣作爲交易媒介，但是因爲金銀的產量有限，在十足準備下所能發行的紙幣數量也不敷使用。因此在使用者對紙幣已經建立信心，普遍

使用後，人們很少要求將紙幣兌換成金或銀，此時就不需要維持十足準備，改採用部分準備之制度。最後停止紙幣與金銀兌換關係，使紙幣發行量脫離金銀準備之限制，而進入強制貨幣時代。

9-2 日本銀行

　　日本在明治維新後政府推行現代化革新，在1871年頒布「新貨条例」以日圓作爲統一流通貨幣，並規定1日圓兌換1.5公克的黃金。但是，因爲作爲紙幣發行的黃金準備數量不足，日圓兌換黃金的規定成爲一種形式上之規定。因此頒布「国立銀行条例」將貨幣的發行權給予民間銀行，由民間銀行發行貨幣，之後卻造成通貨膨脹。

　　政府爲抑制通貨膨脹問題，1882年制定「日本銀行条例」設立日本銀行，1885年制定「兌換銀行券条例」發行日本銀行券，並規定日本銀行爲維一發券銀行。任何人只要持有日本銀行發行的「兌換銀行券」，都可以依據紙幣的面值向日本銀行兌換黃金或白銀。當時發行的日本銀行券，希望以黃金作爲兌換目標；但是因爲發行所需要之黃金準備不足的關係，實際上是以銀本位制作爲紙幣發行之準備。

　　在19世紀末年歐美各國，多採用金本位制度，以黃金作爲貨幣的發行準備，如果日本不採用金本位制度，與國外進行貿易就會有阻礙。因此1897年制定「貨幣法」規定1日圓兌換750mg黃金，正式確立日本採用金本位制度。

　　然而在第一次世界大戰爆發後，各國紛紛實施黃金禁運，日本在1917年也實施黃金禁運，之後在1930年解除黃金禁運。但是當時正處於世界經濟大恐慌時期，於是1931年再次實施黃金禁運措施，並且於1932年修正「兌換銀行券条例」宣布取消日銀券兌換黃金的保證，成爲不兌換紙幣。1942年制定「日本銀行

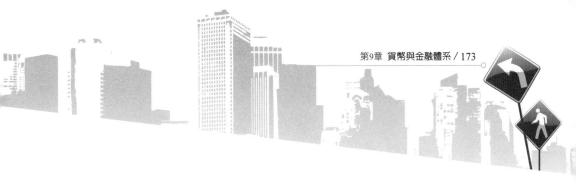

法」使日本銀行成為配合國家政策的執行機構。雖然第二次世界大戰後1949年日本銀行法進行部分修正，但是仍然被批評缺乏獨立性、超然性，直到1997年現行「日本銀行法」修訂後日本銀行才真正具備有中央銀行的獨立性。

9-3 日本銀行的職能

依據「日本銀行法」日本銀行的經營目標為，促進金融穩定，維持貨幣信用之穩定，維護市場交易之穩定等。由日本銀行的經營目標中可以歸納出下列幾項日本銀行的主要功能。

(1) 發行貨幣

依據各國的慣例，中央銀行是統籌發行貨幣的銀行。日本是以日本銀行為唯一發行貨幣之銀行。

(2) 作為政府的銀行

日本銀行保管政府的存款（經理政府的存款、公債業務），必要時提供政府資金的融通，藉以調節財政收支。融通方式通常是由公開市場上購入政府的債券，也可能是直接提供貸款。尤其是日本政府需要短期的資金融通時，政府會發行短期公債籌措資金，這些短期公債過去都是由日本銀行全數購入。

(3) 作為銀行的銀行

日本銀行保管一般銀行在所提列的存款準備金，同時給予一般銀行的資金融通，扮演最後貸款者（lender of last resort）的角色。此外，日本銀行為防止，因個別金融機構的破產，對金融體系產生連鎖性的信用破產發生，會依日本銀行法第38條，進行日本銀行的特別融資，進而維護整體的金融秩序。1990年代日本發生金融機構的連續倒閉事件，日本銀行就曾經進行多次的特別融資。

9-4 日本銀行的政策工具

日本銀行是日本的中央銀行，主要業務有發行通貨、調節金融、調度外匯等。日本銀行為使業務順利進行，並達成促進金融穩定，維持貨幣信用穩定等政策目標，會依市場的貨幣需求使用政策工具作貨幣供給調整。這些主要貨幣政策工具有：

(1) 公開市場操作

公開市場操作（open-market operations）❷是指中央銀行在金融市場，以公開買賣票證券之方式增減銀行體系之存款準備金，控制貨幣供給額。當中央銀行在公開市場購入債券❸，而付出通貨時，準備貨幣增加，銀行不必到同業拆款市場❹做資金融通，因此同業拆款市場融資者減少，整體資金呈現寬鬆狀態，同業拆款利率下降；但是賣出債券❺，收回通貨時，市場資金被吸收，準備貨幣減少，整體市場資金呈現緊縮狀態，同業拆款利率上升。

日本銀行在1999年2月曾經主導0利率政策，就是運用公開市場操作方式，將無擔保的隔夜拆款利率引導接近0%的水準。這項政策在2000年8月，日本銀行判定通貨緊縮壓力降低後取

❷ 公開市場操作在日本中用「公開市場操作」表示。
❸ 購入債券在日語稱為「買いオペレーション」。
❹ 金融同業進行資金融通之市場，在日語稱為「コール市場」。
❺ 賣出債券在日語稱為「売りオペレーション」。

消。但是2001年受美國IT產業泡沫化的影響，日本經濟開始衰退，並陷入嚴重的通貨緊縮狀態，這時日本銀行再度實施5兆日圓程度的量化寬鬆政策。

(2) 重貼現與短期融通

重貼現與短期融通是指當銀行體系因為季節性或偶發因素導致準備金不足時，銀行可以向中央銀行申請資金融通。所謂重貼現是銀行以其對顧客貼現而持有的商業票據，請求中央銀行給予在貼現以取得現金。重貼現率就是中央銀行對一般銀行向其要求重貼現時所收的利率。此外，銀行在準備不足時，中央銀行也可以直接給予銀行短期融通，這時中央銀行也會向銀行收取利息，而這利息是依短期融通利率計算。此項政策在日本稱為「公定步合」，就是重貼現率的意思。

日本在高度成長時期，需要大量資金，日本銀行將重貼現率（公定步合）設定於低利率，讓銀行可以大量的向日本銀行融資，再將取得資金貸放給企業。因此銀行以重貼現率作為利率的下限，訂定放款利率，而日本銀行則利用重貼現率的調節，作市場資金供給的調整。但是70年代以後，市場資金寬鬆，以重貼現率作資金供給的調整，對市場資金的影響性降低。此外在利率自由化以前重貼現率也是銀行訂定的存款利率的標準，基本上存款利率是依重貼現率加碼後所制定。在利率自由化後，重貼現率與存款利率的連動性也逐漸喪失。

(3) 存款準備率政策[6]

這政策是指中央銀行可以藉由法定準備率之調整來影響銀行的可貸資金數量，進而影響貨幣的乘數。當中央銀行提高法定準備時，貨幣乘數會縮小。假設貨幣準備數額不變，貨幣供給隨之減少。相反地當法定準備率降低，貨幣乘數將擴大，貨幣供給數量增加。

我們都知道銀行的主要業務為吸收大眾存款，之後進行放款。然而根據中央銀行規定，銀行每吸收一筆存款，必須將存款的某一定比例留作庫存現金或轉存放中央銀行，其餘的存款就可進行貸放。而存放中央銀行的比例就是存款準備率。貨幣乘數為扣除法定準備金後，所剩餘之準備貨幣所能創造出來的貨幣供給量之倍數。

(4) 選擇性信用管制

中央銀行的公開市場操作、存款準備率、重貼現率等政策，這些都屬於調整控制貨幣供給的政策。這些政策所影響的是整個社會貨幣供給的數量；但是當整體貨幣供給數量不變的情形下，控制資金的分配，進行信用的管制方式，這稱為選擇性信用管制。譬如，中央銀行為了抑制房地產景氣過熱，會限制銀行減

---

[6] 這項政策在日本稱為「準備預金制度」。

少融通房地產業。此外,中央銀行也會提撥專款做特定的融資用途。例如,對外銷廠商提供低利的外銷貸款等。日本銀行的此項政策稱「窗口指導」。日本銀行在高度經濟成長時期,曾經對一般銀行作「貸出限度額規制」、「貸出增加額規制」等信用管制的措施。

9-5 金融市場

現代經濟社會的市場運作，廠商用資金購買生產要素進行商品生產，之後將商品送到商品市場銷售，獲取資金後再購買生產要素進行生產。但是當廠商未能及時銷售商品無法獲得資金，對資金產生需求時，這時必須向外尋求資金的融通。此時市場中如果有資金多餘者可以提供借貸，則廠商的生產可以繼續運作。因此有效率調節市場的資金需求與供給，對市場經濟發展會有很大幫助。而金融市場就是資金調節融通的市場，簡單的說就是資金借貸的市場。

在金融市場中將資金提供者視為資金有餘單位，將資金需求者視為資金赤字單位。資金有餘單位將多餘的資金提供給資金赤字單位資金需求者，然而資金的有餘單位及赤字單位個體，可能是家計、廠商、政府、外國人等。此外金融市場中依資金取得方式之差異，可分「間接金融」與「直接金融」的資金融通方式。

經由銀行體系獲得資金融通方式稱「間接金融」，這方式是資金有餘單位將資金存放於銀行，銀行以存款利率為報酬，銀行再將資金貸放給資金赤字單位，收取放款利率。銀行在這資金融通過程中，扮演資金的仲介角色，資金有餘單位並不知道資金流向任何單位。因此在間接金融上，是透過銀行將資金仲介給資金赤字單位，所以資金有餘單位不知道資金的去處。

相反地，「直接金融」方式是資金赤字單位，直接向資金有餘單位籌措資金，透過證券公司、票券公司等金融機構籌措資金。一般常見的直接金融方式是，在籌措資金方面有發行股票及

公司債等，在短期資金周轉的資金籌措上，有發行商業本票等。在直接金融上，購買這些金融工具的資金有餘單位，知道資金的去處。

圖9-1為表示資金有餘單位與資金赤字單位，透過金融市場所進行的資金融通過程中資金之流量圖。

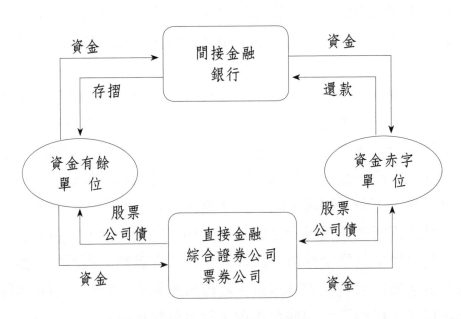

圖9-1　資金流量圖

資料來源：參照沈中華著『貨幣銀行學』60頁編制。

9-6 日本的金融機構

9-6-1 銀行的業務

　　銀行將資金有餘單位之資金，仲介至資金需求的赤字單位，銀行經由此資金的融通過程，進行信用的創造與資金的運用。所以，銀行辦理的業務主要有(1)金融仲介（存款業務），(2)匯款業務，(3)支付業務，(4)票據交換業務，(5)貸款業務等。

(1) 存款業務

　　存款業務是銀行對顧客存放於銀行的資金做有效的管理與運用，並依約定的利率支付利息給顧客。一般存款的種類有定期存款（定期預金）、活期存款（普通預金）、支票存款（当座預金）等。

(2) 匯款業務

　　匯款業務是指銀行接受匯款人的委託，將受託的金額匯入指定的帳戶。例如在外工作的子女，將給予父母親的生活費，委託銀行匯入父母親的銀行帳戶，銀行再從中收取匯款服務的手續費等。

(3) 支付業務

　　在市場經濟運作中，商品與服務進行交易時，買賣雙方會產生價款的收取與支付的問題，如果是小額交易，可以使用現金

交易方式，但是金額龐大的交易，就必須仰賴其他支付憑證交付對方，才能解決價款的交付問題。現代社會中最常使用的交付方式為信用卡的支付方式，消費者在進行消費時，提示信用卡給商店，之後再透過付款人的銀行與受款人的銀行，進行價款的清算。隨金融的深化支付業務的項目與種類逐漸增加，一般來說銀行支付業務的擴大，可以降低交易過程中支付價款的風險與成本，但是信用的風險是相對提高。

(4) 票據交換業務

現代經濟社會隨著經濟的發展，市場的交易量與交易金額快速擴大，為了增加交易的便利性，銀行體系發展出以支票作為支付命令的交易憑證。支票上需記載金額、到期日、付款人等事項。銀行於收到他行票據後，各自提出其所持有應由他行付款的票據，與他行所持有的本行應付款票據相互交換，使債權與債務相抵銷，最後收取差額或支付差額。

(5) 貸款業務

貸款業務為銀行將顧客的存款貸放企業或個人。一般銀行將收取到的存款，扣除存款準備金後，剩餘之存款額度即可進行貸放使用，貸放金額受貨幣乘數的影響，會增加貨幣供給的數量。

9-6-2　金融機構的種類

　　日本戰後對金融機構體系進行重整，1950年代在日本財政部（大藏省）的主導下重新建立金融體制。當時爲防止金融機構的過度競爭，及對產業做資金集中供應的目的下，對金融機構做業態區分❼、利率限制等規範。這種保護弱勢金融機構的政策又稱「護送船団方式」。重整後建立的金融體系，屬於金融仲介機構的有「普通銀行」、「長期銀行」、「信用組合」、「信用金庫」等，其他還有從事特定領域業務的，「信託銀行」「証券会社」「保險会社」「損害保險会社」等機構。

(1)「普通銀行」

　　這是專門從事存款與放款業務的銀行，其業務內容與商業銀行相似。「普通銀行」因銀行營業區域的不同又分都市銀行與地方銀行，都市銀行以大都市作爲總行，可以在全國各地設立分行，進行業務的擴展。地方銀行是總行多設置於縣轄市，營業區域僅限於該縣所在之區域。

　　戰後日本經濟發展初期到高度成長期，企業需要大量資金的援助，都市銀行經營遍及全國，資金雄厚，成爲大型企業往來的

---

❼ 業態區分是指日本將金融機構業務的種類作區分，各機構僅能依所屬的業務範圍進行營業。

主要對象。企業與銀行密切的配合過程中，發展出以銀行為主的企業間相互持股方式（相互持合い），因為這種特殊的企業間相互持股關係，之後逐漸形成以銀行為主體的企業集團。

(2)「長期信用銀行」

這是戰後為了發展經濟，設立專門供提企業設備投資所需資金融通的銀行。過去有日本興業銀行、日本長期信用銀行、日本不動產銀行等，這三家銀行是以發行債券方式籌措資金，之後再將資金融通給企業，但是這些銀行受泡沫經濟的影響，在1990年代的金融重整後，被整併目前已經不存在。

(3)「信用組合」

這是以營業區域內小型及零星規模企業之企業主、個人為成員，以彼此相互扶持為目的，所設立的金融機構。這金融機構類似信用合作社。企業主的會員資格為從業人員300人以下或3億日圓以下之出資者。存款業務原則上僅限於會員往來，但是總存款的20%可以與非會員往來。

(4)「信用金庫」

這是類似「信用組合」的金融機構，原則上也是中小企業相互扶助的機構。

(5)「農業協同組合」

　　這是從事農業相關事業者為成員對象，機構的經營業務除了一般金融業務之外，還要進行農業相關產品的供給、銷售、推廣等工作。這機構類似我國農會的機能。

(6)「信託銀行」

　　這是以受託人的地位，按照特定的目的，經理及應用信託資金、經營信託財產的金融機構。信託銀行具有長期銀行的特色；在日本金融自由化後信託銀行也能參加銀行業務的經營，同時銀行也可以經營信託業務。

(7)「証券会社」

　　這是從事投信業務與股票仲介業務的金融機構。日本戰後隨著經濟發展，證券市場交易逐漸成長；1974年間受第一次石油危機的影響，市場一度呈現衰退。之後隨景氣的復甦及市場資金的流入，證券市場快速發展，到1990年達到最高峰；之後受泡沫經濟瓦解，及證券業爆發的交易醜聞之影響，使證券業的信用下跌至谷底。最後在日本政府的金融改革下，銀行及證券公司雙方都可以透過子公司，進行銀行及證券公司的業務。這改革促使金融機構走向大資本的金融控股公司。

(8)「保險会社」

在日本保險業務的經營需要有政府的許可才可以營業，保險業務分人壽保險業務與產物保險業務。人壽保險公司依組織型態可分為：以會員型態加入方式、以彼此相互扶持的理念設立的互助公司，及股份有限公司兩種型態。人壽保險業務主要是，對人作有關生死事故的保險，一般有傷害、醫療、意外事件等保險。日本在1995年新保險法制定後，保險公司可以設立子公司，同時經營人壽保險及產物保險業務。1996年起有11家產物保險公司設立人壽保險子公司經營人壽保險業務，有6家人壽保險公司設立產物保險子公司經營產物保險業務。

日本的人壽保險公司在1980年代，將大量的保險資金投資於美國；在廣場協議之後日圓大幅升值，使保險公司蒙受大量的匯率兌換損失。此外，在1990年代日本長期處於低利率的時代，保險公司的營運困難，收益無法增加，因此產生理賠準備金不足的現象。在2002年以後幾乎大型保險公司，皆因為違反保險理賠的因素，受到政府的業務改善命令。

「損害保險業」主要是保險者對保險契約者，於一定的偶發事件中產生損失，進行約定的損失補償，同時保險契約者也必須繳納對價的保險費用給保險者。

保險種類有火災保險、汽車保險。保險業務是從事因天然災害、交通事故、其他偶發事件產生損失，進行補償損失、海上保

險、賠償責任保險等。

參考文獻

沈中華（2006年）『貨幣銀行學：全球的觀點』新陸書局。

李榮謙（2004年）『貨幣銀行學』智勝文化。

證券市場與國際收支

10-1　證券交易

　　傳統的證券包含股票與債券兩種證券。股票是股權的俗稱，而股權即是股票持有者所具有，對其擁有的股票比例相應的權益及承擔一定責任的權力。基於股東地位而對公司主張的權利就是股權。股份有限公司的股權為股票表彰的權利；而股東對公司所擔負的責任，僅限持有之股權的範圍，股東無法將股票退回給公司；但是可以將股票自由讓渡。

　　因此股份有限公司就可將股權以股票形式做轉讓，募集資金進行生產設備投資，擴大事業的經營規模。而購買股權的股東可以在股東大會上，參與董事的選舉與擔任董事會相關職務，公司的營運則委任專業經理人經營，讓公司的經營權與所有權做分離，董事會負責監督公司運作，專業經理專職公司的經營工作。

　　為了讓股份有限公司的股票能自由流通，於是設立證券交易所。在證券交易所交易的股票，僅限於被交易所，所認定許可的股票，才可以進行交易，這些被認定的股份有限公司稱上市公司❶。

　　目前日本有3大證券交易所，分別是東京證券交易所簡稱「東証」，大阪證券交易所，簡稱「大証」，名古屋證券交易所，簡稱「名証」。地方交易所有札幌證券交易所、福岡證券交易所。還有針對新興企業股票，做交易的證券交易所，JASDAQ

---

❶　上市公司在日本稱「上場企業」。

證券交易所。

依據日本證券交易法（「証券取引法」）的規定，從事證券類業務的公司必須登錄，才可以在交易所進行證券交易。因此證券公司為接受客戶的委託進行證券買賣，基本上證券公司的業務主要有(1)承銷業務：包銷或代銷證券發行人所發行之證券，處理證券銷售之所有相關業務。(2)經紀（Brokerage）業務：接受客戶委託後進行股票買賣。(3)自營（Dealing）業務：證券公司自己進行股票買賣，在日本的證券公司經紀業務與自營業務皆可從事，而且自己買賣的比例很高。(4)買賣（Selling）業務：從事金融商品銷售。

10-1-1 股價指標

日本證券交易市場中的股價指標有兩項，(1)日經平均，(2)TOPIX。

日經平均：是使用東京證券交易所中，225家第一部❷上市企業股票的交易價格，做簡單的平均值計算後來表示的交易

---

❷ 東京、名古屋兩證券交易所，將上市公司的股票交易分兩類，稱「第一部」與「第二部」。第一部的上市公司股票，開放給國際投資家買賣，作為國際交易的市場。而原本屬於第二部的公司股票，通過東京證券交易所的審查認證，就可到第一部進行交易。

指數。這指標從1949年開始使用，在1970年由日本經濟新聞集團，接替東京證券交易所，進行平均股價的計算，所以又稱日經平均。計算方式如下：

股價指數值＝上市（225家）公司股票股價的總和／除數
除數＝因股票有分割等因素存在，為維持指標的連續性，
　　　除數值做修正。

TOPIX：東京證券交易所上市公司的股價指數。這是以1968年1月4日東京證券交易所全體第一部公司股票總市價做基數100，以市價總額加權方式所表示的指數。依據這指數就可以了解，目前東京證券交易全體第一部公司股票市價總額，增加或減少的變化情況。

股價指數值＝上市公司市價總額／某特定時間點的市價總額

　股票的價格在市場交易上，隨時都會有所變化，股價的變化因素主要是來自於，參與公司附加價值的分配權利，就是股利分配。股份有限公司透過股權出售，成功獲得資金，之後利用資金進行生產投資活動，創造附加價值，之後公司再透過股利分配方式，將附加價值分給股東。股價就會隨股利分配的變化而有所變動，然而股利的分配是取決於公司的業績，因此，基本上公司的

業績對股價的波動也是有所影響。

　　所以股利對股東而言，是投資資金的相對獲得的收益，這收益率的計算是以股利／股票的市價，稱股利殖利率。

$$股利殖利率＝公司每股現金股利／股票價格$$

　　在日本的股利殖利率[3]是以當年度的股利與除息後之股價做計算。

$$股利殖利率＝當年度股利／除息後股票價格$$

　　基本上股利殖利率被視為股東的投資收益率，一般會將這收益率與利率相比較，當年度每股所分配的股利如果增加，相對的股票的價格就會上漲，使收益率維持在利率的水準。股票與其他的金融商品相同，都會有其投資的收益率，投資者多會將收益率與利率水準做比較。因此，當市場的利率水準下跌時，股票的價格相對增加，此外如果股利分配增加，也是會使股票價格上漲。所以由以上的關係可以知道，股價與利率是呈反比，股利與股價是呈正比。又股利分配金額是取決於公司業績狀況，所以公司業

---

[3]　金子貞吉・武田勝（2008）『導入日本経済』117頁。

績與股價也是呈正比。

　　股價變動除了股利分配因素外，還有一項是股票在市場自由交易時產生的價格差異因素。投資者在股票低價時買進，當股價上漲時以較高價格賣出，賺取中間的價差，這差價又稱為資本利得，事實上現在許多投資者所期待的獲利就是這資本利得。

10-1-2　股價的趨勢

　　圖10-1是1981年至2013年日本股市的走勢，收盤價是採用日經平均年底的收盤價，成交量採用一年的總交易量，所繪製的走勢圖。日本的股市在1984年中日經平均首度突破10000日圓大關，之後迅速上漲不斷突破新的高點，到1989年年末達到最高點38916日圓，這6年間日經平均股價成長接近4倍。

　　這段期間股市的急速成長因素，並非來自於企業經營績效的成長，而是市場資金的寬鬆所形成的股市泡沫。日本在1985年的廣場協議後，日圓兌換美元大幅升值，日本銀行採取低利率政策，降低出口產業的生產成本，同時因低利率之因素，使日本的股市、房地產泡沫逐漸形成。這期間泡沫經濟的形成除了資金面的因素外，其他的市場因素也是重要原因。這些因素有(1)將「日本國有鐵道公社」及「日本電信電話公社」民營化，之後政府再釋出股權，這波民營化過程帶動了股價格上揚。(2)「民活

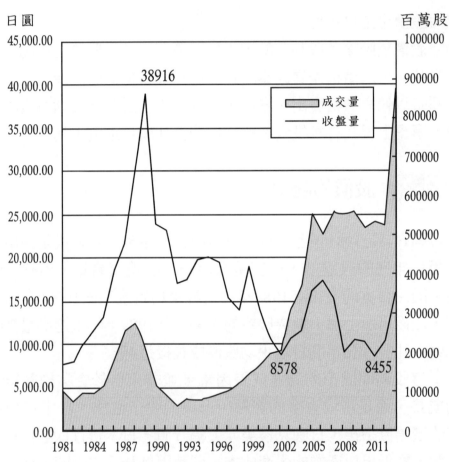

日圓　　　　　　　　　　　　　　　　　　　　　　　　　　百萬股

圖10-1　日經平均股價走勢

資料來源：日経平均プロフィル，日経平均資料室。
　　　　　成交量統計1981〜2002年來自日本国勢図会『日本の100
　　　　　年』。
　　　　　2003〜2013年統計來自東京証券取引所『統計月報』。

法」❹及「リゾート法」❺的制定加速地方土地開發，帶動土地價格上漲。(3)金融的自由化加速國際的短期資金移動，增加資本市場籌措資金的便利性。(4)來自東南亞及中國的進口廉價商品大量增加，商品價格停滯不同於1970年代的通貨膨脹現象，產業的投資需求減少，同時日本銀行又採取貨幣寬鬆政策，市場資金充斥，於是集中不動產及證券的投資，之後形成資產價格的泡沫化❻。

　　日本銀行為抑制市場的泡沫化持續擴大，1989年提高對銀行融資的基本利率，又1990年財政部發布對不動產融資總量管制的命令，市場泡沫立即收縮，股市翻盤重挫。1990年年底日經平均股價下跌到23848日圓，與年初的38712日圓相比，一年中股價下跌將近4成。1992年年底很快地下跌至16924日圓，總成交量也減少到1981年以來最少量654億股。之後成交量是每年增加；但是股價仍然持續下跌，1998年年底下跌至13842日圓，接近1985年泡沫前的水準。

---

❹ 「民活法」是規範利用民間企業的能力，帶動產業技術升級國際化經濟發展的法案。

❺ 「リゾート法」是以帶動國內需求為目的，導入民間資金振興區域經濟充實國民休閒活動的法案。

❻ 金子貞吉‧武田勝（2008）『導入日本経済』179頁。

　　2000年左右受美國IT景氣的帶動，成交量增加，2000年股價一度達到20833日圓的高點。之後受世界景氣的影響，股價再度下跌，2003年一度跌至新低點7607日圓，這期間政府進行金融市場的改革，準備30兆日圓對銀行進行紓困，並主導金融機構的合併。股市在脫離低檔後，國外的投資機構陸續投入資金購買股票，成交量開始大量擴大2003年比2002年增加1000億股的交易量出現，到2005年股價來到16111日圓，相當於2003年低檔的2倍價格。這段期間股價能快速反彈，主要是個人投資家與外國投資家大量購買的因素。

　　2008年受到美國金融風暴的影響，股市迅速翻轉下跌2009年跌至最低7054日圓，2010年隨景氣的恢復，年底股價回到10228日圓。但是隔年2011年日本受311地震影響，年底股價又下跌至8455日圓。2012年隨安倍內閣新經濟政策的導入，2013年股市的成交量顯著增加，比前一年增加約7成，達到8879億股，股價比2012年增加約5.5成來到16291日圓。

　　日本在泡沫經濟破滅後，日本銀行長期採取寬鬆貨幣政策及持續的低利率政策，但是整體的投資卻沒有因為資金成本的降低而增加。2012年安倍內閣實施新經濟政策，期望日圓的貶值帶動出口的增加，增加企業收益，提高國民所得，擴大國內消費，刺激企業投資，驅動經濟成長，使經濟脫離多年的通貨緊縮困境。在安倍內閣宣布新經濟政策的同時，股市的成交量也開始增加，股價也開始上漲。但是在2002年以後日本股市外國的投資機構相

繼的投入後，股市的交易主要以投資機構為主體，尤其是外國投資機構❼。然而世界金融受美國次級房貸之影響呈現不穩定的局勢，因此外國投資機構對日本股票交易次數增加，連帶股價的波動也隨之變大。

---

❼ 東京新聞，2013.6.14。

10-2 國際金融

10-2-1 國際收支帳

　　國際上進行貿易時，各國之間在財貨、勞務交易的同時，必須有貨幣的支付，這種國際之間的貨幣流動，稱為國際金融。由於各國之間所使用的貨幣不同，各國貨幣必須進行兌換比率的計算後，才可以做貨幣的支付。這貨幣的兌換比率稱匯率。因此各國之間資金的流動都必須經過匯率的換算，轉換成該國的貨幣價值數量。隨著國際貿易的發展，國際的資金移動已經是一種常態現象，而掌握資金移動之動向，對經濟是非常重要，因此各國多採用國際收支帳，來了解對外資金移動現況。

　　日本的國際收支帳是以93SNA為標準所制定，內容包含經常帳（経常収支）、資本帳（資本収支）、外匯準備增減（外貨準備增減）、誤差（誤差脫漏）等四項目。

(1) 經常帳

　　經常帳主要包含：貿易帳、所得帳、移轉帳等三項目。

① 貿易帳

　　貿易帳是記載商品貿易往來時，產生的對價資金移動。當本國由國外進口商品及勞務時，資金則流向海外；本國的商品及勞務出口至海外，資金則由國外流入本國。又如果我們的進口大於出口，稱之為逆差，進口小於出口，稱之為順差。

② 所得帳

所得帳是包含薪資所得（本國人與外國人）、投資收益、其他收益等。

薪資所得是勞動者提供勞動後由資方所獲得的報酬。這是計算本國人在國外所獲得的薪資所得，及外國人在本國所獲得的薪資所得。

投資收益是計算本國人的對資產及外國人在本國資產中產生的利息收入及股息收入等。如果本國的對外資產收益增加，經常帳收益也會擴大。

③ 移轉帳

移轉帳是記載個人、政府的救濟、捐獻、無償援助等資金的移動，而且這些資金不會列入投資資金的計算。

(2) 資本帳

資本帳是統計對外資金移動的情況。內容包含投資收支、其他資本收支、外匯準備增減、誤差等項目。

① 投資收支包含直接投資、證券投資、衍生性金融商品、其他投資等。

ⓐ 直接投資是指民間部門長期性的國際間之資本移動，這主要是企業為取得海外企業的經營權，進行的投資支出。例如本國企業在國外興建工廠，或是以取得經營權

為目的下購買海外企業等對外直接投資。相反地外國企業購買本國企業的投資稱對內直接投資。

ⓑ 證券投資是指購買外國企業的股票及債券的投資。日本購買外國企業的股票稱對外證券投資，外國企業購買日本企業股票稱對內證券投資。

ⓒ 衍生性金融商品是指金融、證券、商品等期貨商品。

ⓓ 其他投資是指直接投資與證券投資以外之投資。

② 其他資本收支記載資本移轉時的收付及非金融資產的取得、處分相關的交易。

③ 外匯準備增減

外匯是指為了國際間清算及外匯調整時貨幣當局所保有的資產。例如黃金、SDR、外國貨幣等。

④ 誤差

誤差是因應國際收支帳是採用借貸簿記方式登帳，原則上應該是借貸平衡，但是有時因時間差的影響，會不一致，所以使用誤差項目作調整。

依據表10-1內容

國際收支帳＝經常帳＋資本帳＋外匯增減＋誤差

表10-1　國際收支帳

單位：億日圓

項目	1996	2000	2005	2007	2009	2011	2013
經常帳	71532	128755	182591	249341	137356	95570	32343
貿易、勞務收支	23174	74298	76930	98253	21249	-33781	-122521
貿易收支	88468	123719	103348	123223	40381	-16165	-106707
出口	435695	495257	626319	797253	508527	627248	669790
進口	347173	371537	522971	674030	468191	643412	776497
勞務收支	-65312	-49421	-26418	-24971	-19132	-17616	-15813
運輸	10588	-8324	-5021	-8364	-8383	-8881	-7183
旅行	-35888	-30730	-27659	-20199	-13886	-12963	-6545
其他勞務	-18844	-10367	6262	3493	3137	4229	-2085
所得收支	58133	65052	113817	164670	127742	140384	164755
薪資所得	-3	-4	-141	-71	-35	-59	-47
投資收益	58136	65065	113958	164741	127777	140443	164803
直接投資收益	11953	6081	23063	35656	34602	38218	53868
證券投資收益	43589	51124	86097	122515	87922	95386	105179
其他投資收益	2594	7851	4798	6569	5253	6839	5756
移轉性收支	-9775	-10595	-8157	-13581	-11635	-11096	-9892
資本帳	-33425	-94233	-140068	-225383	-142678	11722	47378
投資收支	-29888	-84287	-134579	-220653	-138025	11440	54813
直接投資	-25236	-25039	-47400	-60054	-58725	-87275	-130237
證券投資	-37082	-38470	-10700	82515	-205053	129255	254838
股票	43937	-22580	123391	23045	-17633	-3645	233182
債券	-81019	-15890	-134091	59470	-187420	132900	21656
衍生性金融商品	-8011	-5090	-8223	3249	9487	13470	-55516
其他投資	40442	-15688	-68456	-246369	116266	-44010	-14271
其他資本投資	-3537	-9947	-5490	-4731	-4653	282	-7436
外匯準備增減	-39424	-52609	-24562	-42974	-25268	-137897	-38504
誤差	1317	18088	-17960	19016	30587	30669	-41217

資料來源：財務省『國際收支狀況』。

10-3 國際收支動向

　　圖10-2是1985年至2013年日本國際收支的長期趨勢。日本的經常帳（經常收支）自1980年代後迅速增加，到1986年達到約14.2兆日圓，之後受日圓升值之影響逐漸減少，到1990年僅剩6.5兆日圓。之後受泡沫經濟破滅的影響，國內景氣衰退，國內生產商品大量出口及日本企業增加海外的生產據點擴大中間財貨的出口，擴大貿易收支，因此整體經常收支於1900年後又擴大，到1993年達到14.6兆日圓。之後因日圓持續升值的因素，貿易收支的順差減少，經常收支也隨之減少。回顧經常收支的變化趨勢，到2004年為止經常收支的增減與貿易順差有很高的相關性存在。

　　但是2005年起經常帳（經常收支）的變動受所得順差的影響逐漸增加，尤其是2006年所得順差超越貿易順差，更帶動經常帳（經常收支）的擴大。這顯示經常帳（經常收支）的擴大，不再依賴貿易順差的因素，而是由對外資產收益擴大因素來帶動，改變1970年代以來貿易順差帶動經常帳（經常收支）擴大的經濟模式。

　　但是資本帳（資本收支）卻是長期處於逆差狀態。日本從高度經濟成長期後，1970年代起長期的貿易順差與所得順差，使經常帳（經常收支）長期保持順差狀態，但是在國內缺乏投資誘因及資金過剩情況下，將貿易順差與所得順差所累積的資金，轉向海外投資，因此使資本帳（資本收支）長期處於逆差狀態，但是也使日本成為世界上少數的債權國。由圖10-2中的經常帳（經

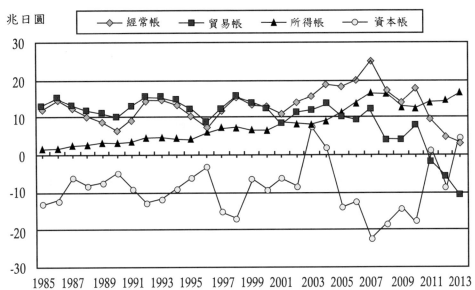

兆日圓

| —◇— 經常帳 | —■— 貿易帳 | —▲— 所得帳 | —○— 資本帳 |

圖10-2　國際收支趨勢

資料來源：1985～2005年日本国勢図会『日本の100年』。
　　　　　2006～2013年財務省『国際収支状況』。

常收支）、貿易帳（貿易收支）、資本帳（資本收支）曲線的
走勢，就可以了解資金移動情況。以1990年階段來看，經常帳
（經常收支）順差減少，相對的資本帳（資本收支）的逆差也減
少。1993年貿易順差擴大，資本帳（資本收支）的逆差也隨之增
加。然而在2011年日本因爲地震因素停止核能電廠的運作，大量
向海外進口能源，使日本的貿易帳（貿易收支）出現逆差，但是

所得帳（所得收支）順差持續擴大，所以經常帳（經常收支）仍
然維持順差狀態。

參考文獻

金子貞吉・武田勝（2008年）『導入日本経済』学文社。

東京新聞，「外国人投資家は売買5割左右」2013.6.14。

http://www.tokyo-np.co.jp/article/economics/economic_confe/list/
　　CK2013061402000122.html

資料來源

財務省『国際収支状況』。

http://www.mof.go.jp/international_policy/reference/balance_of_pay-
　　ments/

日本平均プロフィル，日経平均資料室。

http://indexes.nikkei.co.jp/nkave/archives/data

日本国勢図会，『日本の100年』。

附錄

單位：億日圓

	經常帳	商品‧勞務收支	貿易收支	出口	進口	勞務	所得收支	移轉性收支	資本帳	誤差
1985	106736	106736					12959	(1024)	128512	9836
1986	129607	129607					12833	(857)	146474	4897
1987	102931	102931					18930	(1133)	115868	(4857)
1988	79349	79349					22113	(1297)	103377	3214
1989	59695	59695					27419	(1873)	54287	(30950)
1990	38628	38628					26106	(1532)	33443	(29761)
1991	72919	72919					18840	(1614)	79655	(10487)
1992	102054	102054					40292	(1641)	128277	(12432)
1993	107013	107013					39678	(1650)	145360	318
1994	98345	98345					35082	(1920)	113860	(17648)
1995	69545	69545					34320	(2144)	114841	13127
1996	23174	23174	90346	430153	339807	(67172)	51769	(3537)	72723	1317
1997	57680	57680	123709	488801	365091	(66029)	58020	(4879)	152467	41645
1998	95299	95299	160782	482899	322117	(65483)	54683	(19313)	136226	5558
1999	78650	78650	141370	452547	311176	(62720)	51084	(19088)	130830	20184
2000	74298	74298	126983	489635	362652	(52685)	66318	(9947)	148757	18088
2001	32120	32120	88469	460367	371898	(56349)	72404	(3462)	105629	4567
2002	64690	64690	121211	489029	367817	(56521)	72147	(4217)	133968	1348
2003	83553	83553	124631	513292	388660	(41078)	77701	(4672)	136860	(19722)
2004	101961	101961	144235	577036	432801	(42274)	94980	(5134)	160928	(30879)

	經常帳	商品‧勞務收支					所得收支	移轉性收支	資本帳	誤差
			貿易收支			勞務				
				出口	進口					
2005	76930	76930	117712	630094	512382	(40782)	110347	(5490)	163444	(18343)
2006	73460	73460	110701	720268	609567	(37241)	129847	(5533)	160494	(37280)
2007	98253	98253	141873	8236	658364	(43620)	151237	(4731)	263775	19016
2008	18899	18899	58031	776111	718081	(39131)	129887	(5583)	192482	49279
2009	21249	21249	53876	511216	457340	(32627)	114677	(4653)	161859	30587
2010	65646	65646	95160	643914	548754	(29513)	125256	(4341)	222578	36017
2011	(33781)	(33781)	(3302)	629653	632955	(30479)	135114	282	132284	30669
2012	(83041)	(83041)	(42719)	619568	662287	(40322)	129876	(804)	49158	3126
2013	(122521)	(122521)	(87734)	678290	766024	(34786)	154864	(7436)	(16310)	(41217)

單位：日圓‧百萬股

	開盤價	最高價	最低價	收盤價	交易股數
1981	7151	8019	6957	7682	105930
1982	7719	8027	6850	8017	76379
1983	8021	9894	7803	9894	100074
1984	9927	11577	9703	11543	99235
1985	11558	13129	11545	13113	118205
1986	13137	18936	12882	18701	193602
1987	18821	26646	18544	21564	259410
1988	21217	30159	21217	30159	278608
1989	30244	38916	30184	38916	218352
1990	38713	38713	20222	23849	119034
1991	24069	27147	21457	22984	91723
1992	23801	23801	14309	16925	65438
1993	16994	21148	16079	17417	84620
1994	17370	21553	17370	19723	81132
1995	19684	20012	14485	19868	88901
1996	20618	22667	19162	19361	96170
1997	19446	20681	14775	15259	105533
1998	14957	17264	12880	13842	121596
1999	13416	18934	13233	18934	151200
2000	19003	20833	13423	13786	169599

	開盤價	最高價	最低價	收盤價	交易股數
2001	13691	14529	9504	10543	199532
2002	10871	11980	8303	8579	207282
2003	8713	11162	7608	10677	316124
2004	10825	12164	10365	11489	378755
2005	11518	16344	10825	16111	558901
2006	16362	17563	14219	17226	502463
2007	17354	18262	14838	15308	562118
2008	14691	14691	7163	8860	555106
2009	9043	10640	7055	10546	563842
2010	10655	11339	8824	10229	520122
2011	10398	10858	8160	8455	536800
2012	8560	10395	8296	10395	529938
2013	10688	16291	10487	16291	887972
2014	15909	16121	13910	15450	

11-1 何謂「安倍經濟學」

　　日本自民黨在2012年12月16日的眾議院選舉獲勝，安倍晉三再度組閣擔任首相，之後立即公布以1.量化寬鬆的貨幣政策2.擴大財政支出3.喚起民間投資之成長策略為主軸之經濟政策，期望經由政策的執行讓日本經濟擺脫多年的通貨緊縮現象，帶動經濟之成長。

　　這經濟政策又被稱為安倍經濟學的「三支箭」，這「三支箭」的特色是分別代表不同的經濟理論，首先是量化寬鬆的貨幣政策是以「重貨幣學派」的理論基礎做政策的制定，擴大財政支出是以「凱因斯學派」的有效需求理論做政策的制定，喚起民間投資是以「古典學派」經濟理論為基礎制定的政策。依據安倍內閣經濟政策的其理想規劃下，首先是透過宣示效果帶動誘導日圓貶值，擴大出口提高出口企業收益，增加就業機會提高所得，促進消費成長帶動物價上漲，擴大國內需求增加內需產業收益，最後帶動景氣的復甦。

11-2 安倍經濟實施後金融市場之現況

安倍的經濟政策中，首先射出的第一支箭是量化寬鬆的貨幣政策，政策操作目標是增加貨幣供給量，預計至2014年底累積270兆日圓的規模。在這2年當中日本銀行預計購買190兆日圓的長期國債。每年約買入85-90兆日圓（每月約7兆日圓）的長期國債。經由日本銀行對長期國債的收購，讓市場的長期利率降低，同時誘導日圓的貶值，進而達到消費者物價指數2%上升的通貨膨脹目標。

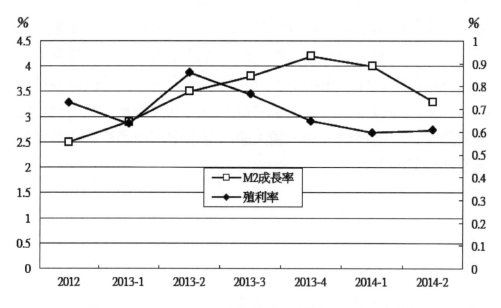

圖11-1 公債殖利率與貨幣供給量之趨勢

資料來源：日本銀行時系列データ檢查サイト

　　圖11-1是表示10年期長期國債的殖利率，在日本銀行進行寬鬆的貨幣政策後，從2013年第2季以後公債的殖利率由0.86%逐漸下跌，至2014年第2季的0.68%。同時市場流通貨幣供給量M2的成長率不斷升高到2013年第4季來到高點4.2%，之後到2014年第2季維持在3.3%的水準，這水準仍然高於2012年的平均水準2.5%。

　　在市場資金充裕的情況下，日本的股票市場的交易開始擴大，日經平均股價由2012年12月的9458日圓開始隔年1月突破10000日圓關卡後一路上漲，到2014年1月的15908日圓為最高點，之後進行修正整理後2014年10月上漲至16082日圓，這期間日經平均股價上漲高達68%。

　　外匯市場在政府的主導下，日圓兌換美元的匯率不斷的貶值，日圓由2012年9月1美元兌換78.17日圓的水準，到2014年9月為1美元兌換107.09日圓的水準，在這2年間日圓貶值近37%。

　　這期間日本經濟因量化寬鬆的政策下，日圓急速的貶值及股票價格快速上漲的情況，對消費市場物價是否產生的如預期的變動。圖11-3是表示這期間日本國內物價的變動情況，到2013年5月為止消費者綜合物價指數的成長率仍然呈現負成長，到2013年6月之後突破負成長，到2013年底達到1.61%接近政策預計2%的目標；之後4月以後明顯的上升因素是導入新的消費稅制，消費稅由原本的5%增加至8%，實際增加3%，因此如果將2014年4月以後的綜合物價指數成長率，扣除3%後，實際的成長率是維持在0%-1%間，更低於4月之前的水準。

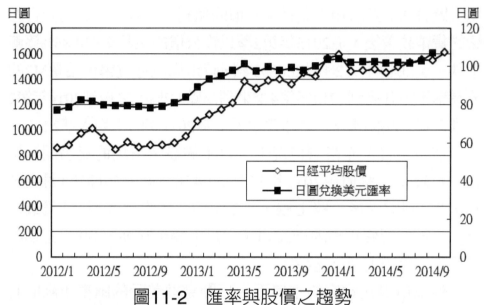

圖11-2　匯率與股價之趨勢

資料來源：日経平均ブロフイル
　　　　　日本銀行時系列データ検査サイト

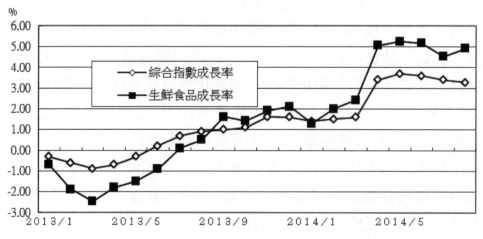

圖11-3　消費者物價指數之趨勢

資料來源：総務省統計局

　　在生鮮食品部分的物價指數上，其波動相較於綜合物價指數大，食品部分在2013年6月脫離負成長，到2013年12月達到通貨膨脹的政策目標2.12%，到2014年3月為止維持於2%左右；2014年4月後消費稅率提升後，在扣除3%的新增稅率後，實際的物價上漲率還是維持於2%左右。

11-3　區域景氣之動向

　　安倍內閣進行量化寬鬆的金融政策後，證券市場交易呈現
繁榮景象，相關財經媒體也不斷報導安倍經濟帶動景氣恢復的訊
息。事實上觀察景氣動向有許多指標，本章以日本銀行『地域経
済報告』的內容作爲景氣動向觀察。『地域経済報告』是日本
銀行依據各地分行的區域經濟負責人所提供之最新各地方經濟
資訊，編制完成的報告書。從2013年的1月開始到2014年7月爲
止，用各季的報告書來觀察景氣動向。觀察區域考量各地區GDP
的規模，根據2013年日本各縣GDP來計算，關東地區約占40%，
東海地區約占14%，近畿地區占15%，九州地區占9%，這四地
區的GDP總量約占當年度GDP的80%，因此本章僅將此四地區列
入觀察的對象。

表11-1　區域景氣動向

區域別	2013年1月	2013年4月	2013年7月	2013年10月	2014年1月	2014年4月	2014年7月
關東甲信越	↘	↗	↗	↗	→	→	→
東海	↘	↗	↗	↗	→	→	→
近畿	↘	↗	↗	↗	→	→	→
九州‧沖繩	↘	↗	↗	↗	→	→	→

注：↘ 表示景氣惡化　↗ 表示景氣改善　→ 表示景氣沒有惡化

關東甲信越地區：茨城縣‧栃木縣‧群馬縣‧埼玉縣‧千葉縣‧東京都‧神奈川縣‧新潟縣‧山梨縣‧
長野縣。
東海地區：岐阜縣‧靜岡縣‧愛知縣‧三重縣。
近畿地區：滋賀縣‧京都府‧大阪府‧兵庫縣‧奈良縣‧和歌山縣
九州‧沖繩地區：福岡縣、佐賀縣、長崎縣、熊本縣、大分縣、宮崎縣、鹿兒島縣、沖繩縣

　　表11-1是這期間日本區域景氣的動向，四個區域在2013年1月景氣呈現惡化現象，4月開始後景氣持續改善至10月，進入2014年1月後到7月為止持續維持沒有惡化。表11-2至表11-8是各區域需求的變動對景氣產生的影響。

表11-2　2013年1月需求變動因素

	公共投資	設備投資	個人消費
關東甲信越地區	增加趨勢	因出口衰退，製造業並無增加投資；非製造業維持投資趨勢	家電產品、智慧型手機等銷售穩定，超市買氣稍有下降，整體消費趨勢持平
東海地區	無增加維持前一季的水準	雷曼兄弟的金融風暴之後設備更新投資減少，此時才擴大設備更新	超市與百貨公司、電器量販店等銷售無成長，整體消費趨勢持平
近畿地區	增加當中	因企業收益改善狀況無法突破，無法持續增加	家電產品、外食產業等營業額減少，消費力衰退
九州‧沖繩地區	無擴大	因出口減少，設備投資減少	電器產品銷售無成長，電動汽車銷售減少，消費力衰退

	住宅投資	生產	所得‧就業動向
關東甲信越地區	持平	因出口減少，生產減少	勞動需求稍有改善，所得水準並無增加
東海地區	持平	電動車補助截止，汽車、零件、機械、鋼鐵等需求減少，生產減少	勞動需求稍有改善，所得水準與去年相同
近畿地區	持平	出口減少，庫存增加	勞動需求稍有改善，所得水準並無增加
九州‧沖繩地區	持平	汽車、鋼鐵出口減少，工廠產能使用率下降	勞動需求稍有減少，所得水準與去年7、8月相當

表11-3　2013年4月需求變動因素

	公共投資	設備投資	個人消費
關東甲信越地區	增加趨勢	製造業無增加，非製造業有增加趨勢	電動車補助截止，汽車銷售數量減少，家電產品買氣持平，超市營業額稍有衰退；便利超商買氣穩定，消費能力持平

	公共投資	設備投資	個人消費
東海地區	持平	受中日關係影響因素減少,零件出口增加,設備更新速度加快	百貨業與汽車業銷售持平。超市營業額稍有衰退;便利超商買氣穩定,消費能力稍有改善
近畿地區	持平	非製造業有增加趨勢,製造業投資意願低落	百貨業與超市營業額稍有衰退,家電產品買氣下降,消費力衰退
九州‧沖繩地區	增加	非製造業有增加趨勢	消費意願提升,高價商品買氣增加,觀光帶動消費需求
	住宅投資	生產	所得‧就業動向
關東甲信越地區	持平	生產已停止衰退	就業狀況持平,所得增加緩慢
東海地區	持平	受中日關係影響因素減少,零件出口增加,一般機械生產成長緩慢,電子及零件生產持平	非製造業的就業增加,所得沒有改善與去年相同水準

	住宅投資	生產	所得‧就業動向
近畿地區	持平	金屬製品、公共建設等生產少量增加，電機機械生產微量增加，整體生產是並無衰退	就業稍有改善，所得增加緩慢
九州‧沖繩地區	持平	整體是減少	非製造業的就業情況有改善，所得沒有增加

表11-4　2013年7月需求變動因素

	公共投資	設備投資	個人消費
關東甲信越地區	增加	非製造業投資增加	新車登錄數量情況改善，家電商品販賣買氣微弱，節能電器買氣明顯增加，觀光旅遊需求改善
東海地區	增加	製造業設備更新擴大	百貨公司高價商品銷售增加，汽車銷售數量增加
近畿地區	增加	非製造業增加；製造業增加緩慢	汽車銷售持平，電視買氣下降，家電產品買氣持續
九州‧沖繩地區	增加	非製造業投資改善	消費意願改善稍有提升

	住宅投資	生產	所得・就業動向
關東甲信越地區	改善	成長緩慢	就業情況改善，工資面的不利因素持續存在
東海地區	持平	因汽車、鋼鐵、電子、零件生產增加，所以整體生產擴大	就業情況改善，工資面的不利因素較去年減少
近畿地區	增加速度緩慢	逐漸改善	就業情況改善，工資面的不利因素較去年減少
九州・沖繩地區	增加	對美國汽車出口改善及電子零件、零件等出口增加，生產因此獲得改善	非製造業就業獲得改善；所得沒有改善

表11-5　2013年10月需求變動因素

	公共投資	設備投資	個人消費
關東甲信越地區	增加	非製造業增加	都會地區的消費能力提升
東海地區	增加	製造業的設備更新幅度大於去年，非製造增加物流設備的投資	百貨公司高價商品買氣恢復，汽車銷售數量回穩，家電產品營業衰退停止

	公共投資	設備投資	個人消費
近畿地區	增加	獲得改善	消費意願獲得改善，高價商品、汽車買氣持平
九州‧沖繩地區	增加	非製造業的投資恢復	消費意願獲得改善，高價商品買氣增加，汽車銷售優於去年，觀光客增加

	住宅投資	生產	所得‧就業動向
關東甲信越地區	增加速度緩慢	一般機械與汽車產業的生產增加	就業與所得皆有改善，所得的獎金部分比去年增加
東海地區	增加	汽車、零件、機械、電子零件等生產恢復至高產能階段	就業獲得改善，薪資增加條件優於去年
近畿地區	增加	緩慢增加	就業與所得皆有改善
九州‧沖繩地區	增加	因日圓貶值，汽車、鋼鐵、機械的出口逐漸增加	非製造業的就業改善，建設的就業增加

表11-6　2014年1月需求變動因素

	公共投資	設備投資	個人消費
關東甲信越地區	增加	非製造業增加	都會區消費能力提升，汽車銷售增加，都會區百貨公司營業額增加
東海地區	增加	製造業與非製造業設備更新，相較去年大幅增加	高價商品銷售增加遲緩，汽車銷售增加
近畿地區	增加	投資意願獲得改善	消費意願改善，高價商品消費持平，家電產品買氣停止下滑
九州・沖繩地區	增加	非製造業投資意願改善	家電產品、電腦、智慧型手機、汽車等銷售情況獲得改善
	住宅投資	生產	所得・就業動向
關東甲信越地區	增加	增加速度緩慢	就業情況獲得改善，工資增加
東海地區	增加	生產恢復至高產能階段	就業情況獲得改善，工資增加因素獲得改善

	住宅投資	生產	所得・就業動向
近畿地區	增加	一般機械、電機機械、汽車等產業生產增加	就業情況獲得改善，所得獲得改善
九州・沖繩地區	增加	汽車、鋼鐵、機械、電子等因出口增加帶動生產擴大	非製造業的就業改善，建設的就業增加

表11-7　2014年4月需求變動因素

	公共投資	設備投資	個人消費
關東甲信越地區	增加	增加	持平
東海地區	增加	製造業設備更新幅度大於去年，非製造業的物流設備持續增加	百貨與量販店的營業額至3月為止穩定增加，汽車業銷售至2月增加，之後受消費稅之影響各項消費衰退
近畿地區	增加	增加速度緩慢	持平
九州・沖繩地區	增加	非製造業投資意願增加	高價商品買氣持續，汽車銷售增加

	住宅投資	生產	所得・就業動向
關東甲信越地區	增加	汽車、機械、金屬製品等生產增加	就業情況改善，獎金、津貼比去年增加
東海地區	增加	到2月為止，汽車電器、電子零件等生產增加	就業情況改善，加薪因素獲得改善
近畿地區	增加	汽車、電器產品、電氣機械等生產減少	就業情況改善，加薪因素明顯改善
九州・沖繩地區	增加	鋼鐵、電子零、件零件生產持平	就業情況改善，總所比去年增加

表11-8 2014年7月需求變動因素

	公共投資	設備投資	個人消費
關東甲信越地區	增加	增加趨勢	汽車、家電產品等銷售減少，百貨公司營業額衰退，便利超商營業額持平
東海地區	增加	大幅增加	市場消費受消費稅影響是有衰退，但是因所得增加整體消費能力還是持平

	公共投資	設備投資	個人消費
近畿地區	增加	增加	受消費稅的影響，各項消費情況持平
九州・沖繩地區	增加	持平	市場消費受消費稅影響是有衰退，但是因所得增加整體消費能力還是持平

	住宅投資	生產	所得・就業動向
關東甲信越地區	持平	汽車、電器機械、化學產業受消費稅影響生產衰退；仍然維持高產能水準	就業情況持續改善，工資、津貼比去年增加
東海地區	持平	受消費稅影響汽車、電子零件、化學等產業生產衰退	就業情況持續改善，薪資所得獲得改善
近畿地區	持平	受消費稅影響生產衰退，庫存水準提高	就業情況持續改善，薪資所得明顯改善
九州・沖繩地區	穩定增加	建設用鋼鐵生產增加速度緩慢，機械因海外需求增加生產擴大	就業情況持續改善，薪資所得比去年增加

11-4 現階段之經濟現況

　　觀察安倍經濟實施期間主要工業生產地區的景氣動向後，了解到2014年7月，生產與設備投資的擴大因素，一部分受出口與國外需求的影響。因此安倍經濟期望經由日圓的貶值，降低日本商品的出口成本，增加日本的出口來擴大國內總需求，刺激經濟成長，目前來看是有達到政策的期待。但是根據清水・佐藤（2014）的研究指出，日本企業在美國的金融風暴之後，因日圓升值，所以日本企業對亞洲各工廠做更進一步地強化國際分工的生產。這是日本企業在日圓升值期間所建立的一種國際分工體制，因此現階段隨著日圓貶值，雖然能帶動工業產品的出口，但是期望藉由貶值帶動大量出口改善貿易收支帳，這是有些困難。圖11-4是表示這期間商品・勞務進出口的趨勢，在2013年第1季開始，出口持續擴大；但是因日圓的貶值與大量能源進口的因素，使這期間貿易帳呈現赤字。

　　另一方面在出口的增加下，主要工業地區的產生也隨之擴大，同時各地區的就業情況也有所改善。清田（2010）研究利用1975年至2006年產業關聯表作各產業的出口，對該產業的就業產生的直接效果與間接效果的實證研究，研究結果顯示製造業的就業中，將近30%受出口的影響，而且間接效果的規模與直接效果的規模大致相當。因此這表示出口的擴大可以改善就業情況，圖11-4中的「有效求人倍率」❶在2013年第1季後逐漸提高，2014

---

❶ 「有效求人倍率」是指，企業求才人數/求職人數之比例。

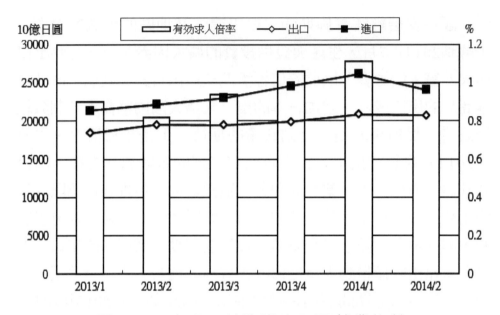

圖11-4　商品・勞務進出口及就業趨勢

資料來源：內閣府「國民經濟計算年報」
　　　　　勞動厚生省

年第1季突破1來到1.11，顯示這期間出口的擴大對勞動市場產生正面的影響。

　　此外安倍經濟的第二支箭是，擴大財政政策，在景氣動向的觀察期間內各地區的公共投資都有增加趨勢，依據前剛等（2014）的研究結果說明，公共投資的擴大對GDP的成長是有所貢獻，尤其是對降低失業率是有其效果存在。以需求面來看，政府擴大財政支出增加總需求，在景氣低迷時期對經濟是有幫

助；政府的歲出是來自於稅收與其他的公債及資產收入，尤其稅是國民所負擔。篠原（2012）以潛在的國民負擔率作為政府規模的替代變數，分析政府規模長期上對經濟成長的影響進行分析，分析結果得到潛在國民負擔率超過一定規模，長期上對經濟成長是有負面影響，也就是說政府規模如果過大對經濟成長是有影響。以圖11-5的政府支出占GDP的比例來看，從2005年以後政府支出比例不斷提高，2014年第2季已經高達22%。

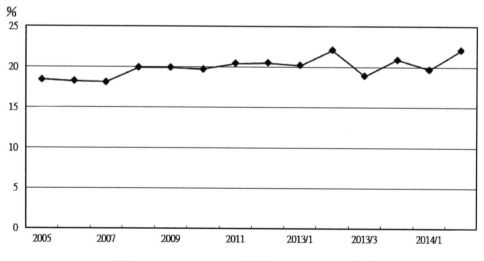

圖11-5　政府支出占GDP之比例

資料來源：內閣府「國民經濟計算年報」

　　這期間個人消費與住宅投資受2014年消費稅稅率提升的影響，在高價商品與住宅投資上有明顯增加。而且從2012年年底開

始股價急速上漲，日經平均股價由2012年12月的9458日圓開始隔年1月突破10000日圓關卡後一路上漲，到2014年1月的15908日圓爲最高點，這期間日經平均股價上漲高達68%。因爲股價的上漲帶動資產價格的波動及財富效應的影響，刺激了個人消費與住宅投資。宇南山・古村（2014）就安倍經濟實施後，股價對消費的影響進行實證分析，結果顯示股價上漲後的資本利得會提升2.2%的邊際消費傾向。

安倍經濟學的第三支箭是喚起民間投資，民間投資中受矚目的是設備投資項目，田中（2009）指出進行大規模投資的大企業，在生產力、營業額、收益率上的表現多會優於沒有進行大規模投資的大企業，因此企業的持續成長與否持續投資是有必要。從2013年1月以後，各地區的調查顯示，企業對設備投資所進行的規模，多侷限在設備更新、改善投資的階段，還未出現較大規模的投資。

11-5 今後景氣動向

　　安倍晉三第二次組閣後，實施新經濟政策後讓日本經濟出現動力，首先是日圓貶值後帶動出口的擴大，長期利率的降低及量化寬鬆政策的效應股價大幅上漲。日本國內資產價格在股價上漲的帶動下也跟著上漲，個人消費能力受惠於資產效果的因素消費能力部分地區有所提升。這也反映到物價上，這段期間消費者物價指數上漲1%將近2%。工業生產部分受惠於出口的成長及外國需求增加、國內消費擴大等因素主要工業地區的生產也有所增加。就業市場受惠於景氣恢復就業環境有所改善，主要工業各地區「有效求人倍率」都有所增加；薪資所得仍然沒有明顯改善。

　　觀察這期間的景氣動向是相較於2013年復甦，但是這段期間的國內總需求的擴大中，有部分是受2014年4月消費稅由5%提高至8%的影響，市場上許多消費是趕在新消費稅導入前進行購買。尤其是住宅投資，2014年4月以後各地區投資明顯減少，高價商品及汽車掛牌數量也有所減少。這些需求的變動在2014年10月的景氣動向中已經呈現出來。雖然到目前公共投資是持續中，但是日本政府的財政支出日益增加政府支出占GDP比例不斷提高，今後大型公共投資是否可以持續也是未知。

　　因此民間消費需求的擴大將是促進景氣繁榮的重要因素，然而增加民間消費能力，首先必須提升薪資所得。薪資所得的提升主要因素決定於企業生產力，而企業生產的提升是依賴企業的研究開發、生產技術提升，這些都需要企業不斷的進行投資與設備更新。所以「安倍經濟學」的第三支箭喚起民間投資的實施成

效，對今後景氣動向的變化及「安倍經濟學」的成果將有很大的
影響。

參考文獻

宇南山　卓・古村典洋　（2014）「アベノミクス期を用いた資産効
　　果の計測」PRI Discussion Paper Series.

篠原健　（2012）「政府の規模と経済成長—潜在的国民負担及び支
　　出の両面からの分析 」PRI Discussion Paper Series.

清田耕造　（2010）「日本の輸出と雇用」RIETI Discussion Paper
　　Series.

清水順子・佐藤清隆　（2014）「アベノミクスと円安、貿易赤字、
　　日本の輸出競争力」RIETI Discussion Paper Series.

田中賢治　（2009）「大型投資は企業パフォーマンスを向上させる
　　か」RIETI Discussion Paper Series.

日本銀行　（2013）「地域経済報告」1月。

日本銀行　（2013）「地域経済報告」4月。

日本銀行　（2013）「地域経済報告」7月。

日本銀行　（2013）「地域経済報告」10月。

日本銀行　（2014）「地域経済報告」1月。

日本銀行　（2014）「地域経済報告」4月。

日本銀行　（2014）「地域経済報告」7月。

深尾京司・権赫旭　（2011）「日本経済成長の源泉はどこにあるの
　　か：ミクロデータによる実証分析」RIETI Discussion Paper Series.

索引 證券交易

漢字	振り仮名
あ行	
IMF	アイエムエフ
GATT体制	ガットたいせい
赤字国債	あかじこくさい
アジア通貨危機	アジアつうかきき
遺族基礎年金	いぞくきそねんきん
一般会計	いっぱんかいけい
一般歳出	いっぱんさいしゅつ
一般政府	いっぱんせいふ
インサイダー取引	インサイダーとりひき
インターバンク市場	インターバンクしじょう
インフラストラクチャー	インフラストラクチャー
失われた10年	うしなわれたじゅうねん
売りオペレーション	うりオペレーション
運用委託会社	うんよういたくかいしゃ
運用会社	うんようかいしゃ
営業余剰	えいぎょうよじょう
円高不況	えんだかふきょう
オイル・ショック	オイル・ショック
応益原則	おうえきげんそく

漢字	振り仮名
応能原則	おうのうげんそく
大きな政府	おおきなせいふ
オーバーローン	オーバーローン
オープン市場	オープンしじょう
か行	
買いオペレーション	かいオペレーション
海外からの純要素所得	かいがいからのじゅんようそしょとく
外貨準備	がいかじゅんび
介護保険	かいごほけん
概算要求基準	がいさんようきゅうきじゅん
外資法	がいしほう
外需	がいじゅ
外為法	がいためほう
皆年金制度	かいねんきんせいど
皆保険制度	かいほけんせいど
価格メカニズム	かかくメカニズム
家計	かけい
可処分所得	かしょぶんしょとく
GATT	ガット
家内工業	かないこうぎょう

漢字	振り仮名
株式	かぶしき
株式会社	かぶしきがいしゃ
貨幣法	かへいほう
神の見えざる手	かみのみえざるて
借換債	かりかえさい
為替介入	かわせかいにゅう
為替差損	かわせさそん
為替相場	かわせそうば
間接金融	かんせつきんゆう
間接税	かんせつぜい
機械性工場	きかいせいこうじょう
企業所得	きぎょうしょとく
企業物価指数	きぎょうぶっかしすう
企業別労働組合	きぎょうべつろうどうくみあい
基軸通貨	きじくつうか
基準貸付利率	きじゅんかしつけりりつ
帰属利子	きぞくりし
基礎年金制度	きそねんきんせいど
逆進税	ぎゃくしんぜい
キャピタルゲイン	キャピタルゲイン

漢字	振り仮名
休業者	きゅうぎょうしゃ
共済年金	きょうさいねんきん
共済保険制度	きょうさいほけんせいど
行政投資	ぎょうせいとうし
業態区分	ぎょうたいくぶん
共同組織金融機関	きょうどうそしききんゆうきかん
居住者	きょじゅしゃ
拠出制度	きょしゅつせいど
金解禁	きんかいきん
均衡財政主義	きんこうざいせいしゅぎ
銀証分離	ぎんしょうぶんり
金本位制度	きんほんいせいど
金融機関	きんゆうきかん
金融再生法	きんゆうさいせいほう
金融商品	きんゆうしょうひん
金融庁	きんゆうちょう
金融取引	きんゆうとりひき
金融派生商品	きんゆうはせいしょうひん
金融ビッグバン	きんゆうビックバン
金輸出再禁止	きんゆしゅつさいきんし

漢字	振り仮名
金利自由化	きんりじゆうか
組合健康保険制度	くみあいけんこうほけんせいど
繰延債	くりのべさい
景気循環	けいきじゅんかん
経済安定化機能	けいざいあんていかきのう
経済成長率	けいざいせいちょうりつ
経済連携協定	けいざいれんけいきょうてい
経常移転収支	けいじょういてんしゅうし
経常収支	けいじょうしゅうし
ケインズ経済学	ケインズけいざいがく
ケインズ政策	ケインズせいさく
決済業務	けっさいぎょうむ
現先市場	げんさきしじょう
建設国債	けんせつこくさい
建設循環	けんせつじゅんかん
源泉徴収	げんせんちょうしゅう
公開市場操作	こうかいしじょうそうさ
交換経済	こうかんけいざい
後期高齢者医療制度	こうきこうれいしゃいりょうせいど
公共事業関係費	こうきょうじぎょうかんけいひ

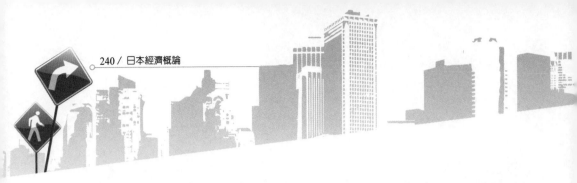

漢字	振り仮名
公共事業	こうきょうじぎょう
公共投資	こうきょうとうし
公社債	こうしゃさい
工場制手工業	こうじょうせいてこうぎょう
更新投資	こうしんとうし
厚生年金	こうせいねんきん
公定歩合	こうていぶあい
高度経済成長	こうどけいざいせいちょう
購買力平価説	こうばいりょくへいかせつ
交付税措置	こうふぜいそち
効用価値説	こうようかちせつ
子会社方式	こがいしゃほうしき
国債依存度	こくさいいぞんど
国際金本位制度	こくさいきんほんいせいど
国際決済銀行	こくさいけっさいぎんこう
国際収支	こくさいしゅうし
国際収支の天井	こいくさいしゅうしのてんじょう
国際分業論	こくさいぶんぎょうろん
固定資本税	こていしほんぜい
固定資本減耗	こていしほんげんもう
国内総支出	こくないそうししゅつ

漢字	振り仮名
国内総所得	こくないそうしょとく
国内総生産	こくないそうせいさん
国富論	こくふろん
国民年金	こくみんねんきん
国民年金基金	こくみんねんきんききん
国民経済計算	こくみんけいざいけいさん
国民健康保険制度	こくみんけんこうほけんせいど
国民所得	こくみんしょとく
国民総生産	こくみんそうせいさん
国民負担率	こくみんふたんりつ
誤差脱漏	ごさだつろう
護送船団方式	ごそうせんだんほうしき
国庫支出金	こっこししゅつきん
固定為替相場制度	こていかわせそうばせいど
古典派	こてんは
古典派的財政観	こてんはてきざいせいかん
義務的経費	ぎむてきけいひ
米と繭の経済	こめとまゆのけいざい
雇用者	こようしゃ
雇用者報酬	こようしゃほうしゅう

漢字	振り仮名
雇用主	こようぬし
雇用・利子および貨幣の一般理論	こよう・りしおよびかへいのいっぱんりろん
コール資金	コールしきん
混合所得	こんごうしょとく
さ行	
債券	さいけん
在庫循環	ざいこじゅんかん
最後の貸し手	さいごのかして
財産所得	ざいさんしょとく
財政再建期	ざいせいさいけんき
財政投融資制度	ざいせいとうゆうしせいど
財政の硬直化	ざいせいのこうちょくか
財政民主主義	ざいせいみんしゅしゅぎ
財政融資特別会計	ざいせいゆうしとくべつかいけい
在宅介護	ざいたくかいご
財投改革	ざいとうかいかく
財投機関債	ざいとうきかんさい
財投債	ざいとうさい
歳入債	さいにゅうさい

漢字	振り仮名
サービス経済化	サービスけいざいか
サービス収支	サービスしゅうし
三面等価の原則	さんめんとうかのげんそく
Ｊカーブ効果	Ｊカーブこうか
資金運用部	しきんうんようぶ
資源配分	しげんはいぶん
資源配分機能	しげんはいぶんきのう
自己資本	じこしほん
市場経済	しじょうけいざい
市場原理	しじょうげんり
市場メカニズム	しじょうメカニズム
自治体財政健全化法	じちたいざいせいけんぜんかほう
失業率	しつぎょうりつ
実効為替レート	じっこうかわせレート
実質GDP	じっしつGDP
GDPデフレーター	GDPデフレーター
ジニ係数	ジニけいすう
支払手段	しはらいしゅだん
資本収支	しほんしゅうし
資本主義	しほんしゅぎ

漢字	振り仮名
社会資本	しゃかいしほん
社会的分業	しゃかいてきぶんぎょう
社会保険	しゃかいほけん
社会保障基金	しゃかいほしょうききん
就業者	しゅうぎょうしゃ
従業者	じゅうぎょうしゃ
重商主義	じゅうしょうしゅぎ
終身雇用	しゅしんこよう
住宅専門金融会社	じゅうたくせんもんきんゆうがいしゃ
住宅投資	じゅうたくとうし
準備預金	じゅんびよきん
自由貿易協定	じゆうぼうえききょうてい
自由貿易論	じゆうぼうえきろん
受託会社	じゅたくがいしゃ
純間接税	じゅんかんせつぜい
春闘	しゅんとう
準備預金制度	じゅんびよきんせいど
純輸出	じゅんゆしゅつ
障害基礎年金	しょうがいきそねんきん
小経営	しょうけいえい

漢字	振り仮名
証券会社	しょうけんがいしゃ
証券投資	しょうけんとうし
証券取引所	しょうけんとりひきしょ
譲渡性預金	じょうとせいよきん
消費財	しょうひざい
消費者物価指数	しょうひしゃぶっかしすう
消費税	しょうひぜい
商品生産社会	しょうひんせいさんしゃかい
所得再分配	しょとくさいぶんぱい
所得再分配機能	しょとくさいぶんぱいきのう
所得収支	しょとくしゅうし
所得税	しょとくぜい
所得倍増計画	しょとくばいぞうけいかく
所有と経営の分離	しょゆうとけいえいのぶんり
新規財源債	しんきざいげんさい
新古典派	しんこてんは
信託銀行	しんたくぎんこう
信託報酬	しんたくほうしゅう
信用金庫	しんようきんこ
信用組合	しんようくみあい

漢字	振り仮名
信用創造	しんようそうぞう
診療報酬	しんりょうほうしゅう
垂直的公平	すいちょくてきこうへい
水平的公平	すいへいてきこうへい
スタグフレーション	スタグフレーション
ストック	ストック
成果主義	せいかしゅぎ
生産財	せいさんざい
生産手段	せいさんしゅだん
生存権保障	せいぞんけんほしょう
政府管掌健康保険制度	せいふかんしょうけんこうほけんせいど
政府短期証券	せいふたんきしょうけん
政府の銀行	せいふのぎんこう
生命保険会社	せいめいほけんがいしゃ
整理回収銀行	せいりかいしゅうぎんこう
世界貨幣	せかいかへい
世界恐慌	せかいきょうこう
世界貿易機関	せかいぼうえききかん
絶対優位	ぜったいゆうい

漢字	振り仮名
設備投資	せつびとうし
設備投資循環	せつびとうしじゅんかん
ゼロ金利政策	ぜろきんりせいさく
全銀システムセンター	ぜんぎんシステムセンター
全国総合開発計画	ぜんこくそうごうかいはつけいかく
送金業務	そうきんぎょうむ
相互銀行	そうごぎんこう
総固定資本形成	そうこていしほんけいせい
相互持ち合い	そうごもちあい
総資本形成	そうしほんけいせい
総需要管理政策	そうじゅようかんりせいさく
総評	そうひょう
総報酬制度	そうほうしゅうせいど
属人概念	ぞくじんがいねん
属地概念	ぞくちがいねん
租税特別措置	そぜいとくべつそち
損害保険会社	そんがいほけんがいしゃ
損害保険業	そんがいほけんぎょう
た行	
第 1 次産業	だいいちじさんぎょう

漢字	振り仮名
第２次産業	だいにじさんぎょう
第３次産業	だいさんじさんぎょう
対家計民間非営利団体	たいかけいみんかんひえいりだんたい
退職共済年金	たいしょくきょうさいねんきん
兌換銀行券	だかんぎんこうけん
他人資本	たにんしほん
単独事業	たんどくじぎょう
小さな政府	ちいさなせいふ
蓄蔵機能	ちくぞうきのう
地方銀行	ちほうぎんこう
地方交付税交付金	ちほうこうふぜいこうふきん
地方債	ちほうさい
地方財政調整	ちほうざいせいちょうせい
地方政府	ちほうせいふ
中央政府	ちゅうおうせいふ
超過累進税方式	ちょうかるいしんぜいほしき
長期信用銀行	ちょうきしんようぎんこう
長期波動	ちょうきはどう
長期プライムレート	ちょうきプライムレート
直間比率	ちょっかんひりつ

漢字	振り仮名
直接金融	ちょくせつきんゆう
直接投資	ちょくせつとうし
積立方式	つみたてほうしき
手形交換業務	てがたこうかんぎょうむ
投機的動機	とうきてきどうき
投機マネー	とうきマネー
東京オフショア	とうきょうオフショア
東京共同銀行	とうきょうきょうどうぎんこう
当座預金	とうざよきん
投資	とうし
投資収益	とうししゅうえき
投資収支	とうししゅうし
投資信託	とうししんたく
投資信託委託会社	とうししんたくいたくかいしゃ
特別会計	とくべつかいけい
都市銀行	としぎんこう
TOPIX	トピックス
取引動機	とりひきどうき
な行	
内需	ないじゅ

漢字	振り仮名
ニクソン・ショック	ニクソン・ショック
日銀政策委員会	にちぎんせいさくいいんかい
日銀特融	にちぎんとくゆう
日米構造協議	にちべいこうぞうきょうぎ
日経平均	にっけいへいきん
日本銀行	にほんぎんこう
日本銀行法	にほんぎんこうほう
日本的雇用慣行	にほんてきこようかんこう
年金保険料	ねんきんほけんりょう
年功序列賃金	ねんこうじょれつちんぎん
農業協同組合	のうぎょうきょうどうくみあい
は行	
配当利回り	はいとうりまわり
発券銀行	はっけんぎんこう
バブル経済	バブルけいざい
比較優位	ひかくゆうい
非関税障壁	ひかんぜいしょうへき
非金融法人企業	ひきんゆうほうじんきぎょう
BIS基準	BISきじゅん
非正規雇用	ひせいきこよう

漢字	振り仮名
非扶養人口	ひふようじんこう
非保険者	ひほけんしゃ
被用者	ひようしゃ
標準報酬月額	ひょうじゅんほうしゅうげつがく
非労働力人口	ひろうどうりょくじんこう
付加価値	ふかかち
賦課方式	ふかほうしき
福祉元年	ふくしがんねん
福祉国家	ふくしこっか
双子の赤字	ふたこのあかじ
普通銀行	ふつうぎんこう
普通税	ふつうぜい
物価スライド制	ぶっかスライドせい
不動産融資の総量規制	ふどうさんゆうしのそうりょうきせい
プラザ合意	プラザごうい
プレトンウッズ体制	プレトンウッズたいせい
フロー	フロー
ブローカー	ブローカー
ペイオフ	ペイオフ
ペティーの法則	ペティーのほうそく

漢字	振り仮名
変動為替相場制度	へんどうかわせそうばせいど
貿易収支	ぼうえきしゅうし
貿易摩擦	ぼうえきまさつ
法人事業税	ほうじんじぎょうぜい
法人住民税	ほうじんじゅうみんぜい
法人税	ほうじんぜい
保険会社	ほけんかいしゃ
補助事業	ほじょじぎょう
骨太の方針	ほねぶとのほうしん
ま行	
前川レポート	まえがわレポート
摩擦的失業	まさつてきしつぎょう
マネーサプライ	マネーサプライ
名目GDP	めいもくGDP
目的税	もくてきぜい
持株会社	もちかぶかいしゃ
や行	
有限責任	ゆうげんせきにん
融通債	ゆうずうさい
郵政民営化	ゆうせいみんえいか

漢字	振り仮名
輸出ドライブ	ゆしゅつドライブ
ユニバーサル・バンク	ユニバーサル・バンク
ゆりかごから墓場まで	ゆりかごからはかばまで
ユーロ	ユーロ
ユーロ円	ユーロえん
預金業務	よきんぎょうむ
預金保険機構	よきんほけんきこう
預託	よたく
予備的動機	よびてきどうき
ら行	
リカード	リカード
利子	りし
流通革命	りゅうつうかくめい
流通手段	りゅうつうしゅだん
流通性	りゅうつうせい
流通性の罠	りゅうつうせいのわな
量的緩和政策	りょうてきかんわせいさく
量出制入の原則	りょうしゅつせいにゅうのげんそく
量入制出の原則	りょうにゅうせいしゅつのげんそく
旅行支出	りょこうししゅつ

漢字	振り仮名
累進税	るいしんぜい
列島改造論	れっとうかいぞうろん
老人保健法	ろんじんほけんほう
労働価値説	ろうどうかちせつ
労働金庫	ろうどうきんこ
労働分配率	ろうどうぶんぱいりつ
労働力人口	ろうどうりょくじんこう
労働力人口比率	ろうどうりょくじんこうひりつ
労働力の商品化	ろうどうりょくのしょうひんか
労働力率	ろうどうりょくりつ
老齢基礎年金	ろうれいきそねんきん
老齢年金	ろうれいねんきん
老齢福祉年金	ろうれいふくしねんきん
老齢厚生年金	ろうれいこうせいねんきん
わ行	
ワーキングプア	ワーキングプア

國家圖書館出版品預行編目資料

日本經濟概論／陳志坪著.
－－初版. －－臺北市：五南, 2015.04
　面；　公分
ISBN 978-957-11-8034-2（平裝）
1. 經濟發展　2. 日本
552.31　　　　　　　　104002045

1MD4

日本經濟概論

作　　　者－ 陳志坪

發 行 人－ 楊榮川

總 編 輯－ 王翠華

主　　編－ 朱曉蘋

封面設計－ 童安安

出 版 者－ 五南圖書出版股份有限公司

地　　　址：106台北市大安區和平東路二段339號4樓

電　　　話：(02)2705-5066　　傳　　真：(02)2706-6100

網　　　址：http://www.wunan.com.tw

電子郵件：wunan@wunan.com.tw

劃撥帳號：01068953

戶　　名：五南圖書出版股份有限公司

台中市駐區辦公室/台中市中區中山路6號

電　　　話：(04)2223-0891　　傳　　真：(04)2223-3549

高雄市駐區辦公室/高雄市新興區中山一路290號

電　　　話：(07)2358-702　　　傳　　真：(07)2350-236

法律顧問　林勝安律師事務所　林勝安律師

出版日期　2015年4月初版一刷

定　　價　新臺幣350元

※版權所有・欲利用本書內容，必須徵求本公司同意※